AF557108

Valerie Fritsch

ZITRONEN

Roman

Suhrkamp

Die Arbeit am vorliegenden Roman wurde vom Deutschen Literaturfonds e. V. und vom Bundesministerium für Bildung, Wissenschaft und Forschung (BMBWF) gefördert.

2. Auflage 2024

Erste Auflage 2024
Originalausgabe

Umschlaggestaltung: Nurten Zeren, Berlin
Satz: Greiner & Reichel, Köln
Druck: CPI books GmbH, Leck
Printed in Germany
ISBN 978-3-518-43172-6

www.suhrkamp.de

ZITRONEN

Jedes Leben richtet sich an jemanden, und insofern – und nur insofern – ist es ein sinnvolles Leben, wenn auch den Sinn des Lebens selbst völlige Finsternis umgibt.

Imre Kertész

Freedom, I am told, is nothing but the distance between the hunter and its prey.

Ocean Vuong

TEIL 1

I

Es war eine kühle, grüne Gegend. Immer roch es nach Regen, auch wenn er selten fiel. Kam in den Tälern der Frühling, wurde die ausgezehrte, magere Welt des Winters wieder groß und bewohnbar, aber wer hinauf zu den Bergspitzen sah, konnte noch im Sommer frieren. Die Katzen jagten auf den Wiesen, saßen im wachsenden Gras und warteten auf die Mäuse wie ein schöner Tod im Sonnenschein. Das Dorf war so klein, dass man sich, wenn man sich umschaute, nie sicher war, ob jeder jeden kannte oder niemand niemanden, nicht einmal den unter seinem eigenen Dach. Den Kindern erzählten die Alten, auf der Straße müsse man alle Männer grüßen, weil man nie wissen könne, wer der Vater sei. Überall gab es Geschichten, hinter denen man rasch die Tür zuzog. Hinter der einen Tür wartete eine Familie seit Jahren auf ein Mädchen, das verschwunden war, und zuckte Mal um Mal zusammen, wenn auf der Straße ein fremdes Kind im blauen Kleid vorüberging, hinter der anderen lebte ein Mann im Werkzeugkeller, nachdem seine Frau einen Liebhaber ins Haus geholt hatte. Es gab Häuser mit immer geschlossenen Fenstern, die man nur öffnete, wenn jemand starb, damit die Seele entweichen konnte, und so reichte den Bewohnern des Dorfes ein Blick von der Straße, um zu wissen, wann der Tod Ein- und Auszug in diesen Zimmern hielt. Das aufgerissene Fenster war sein letztes Zeichen, bei dem die Frauen schon nach Salz und Zucker griffen und zu backen begannen, um bald einen warmen Kuchen als Zeugnis ihres Beileids auf den Treppenabsatz zu stellen.

Die Drachs lebten am Rande des Ortes, gerade so abgelegen, dass man keinen Menschen sah, aber ging man nur um die richtige Ecke, schon mit einem Bein im Vorraum eines Nachbarn stand. Das Haus, das Lilly Drach nach dem frühen Tod ihrer Eltern geerbt hatte, war auf eigenwillige Art und Weise schön, aber unfertig und schmutzig. Zu Reparaturen und Neuerungen fehlten die Mittel, das Geld war so knapp, dass man darüber gar nicht erst sprach, aber gleich losschrie, konnte man eine Unterhaltung darüber nicht vermeiden. Sah man genau hin, war es schief, verzogen vom Wind, als hätte es sich in einem großen Sturm baumgleich ein paar Zentimeter gebeugt und nie wieder in seinen aufrechten Stand zurückgefunden. Wie ein Puppenhaus schien es mit seiner hölzernen Veranda und dem filigranen Treppenaufgang, die Formen zu feingliedrig für die raue Gegend und das Dorf. Ein großer Sonnenschirm blühte im Sommer neben dem Eingang und schlief im Winter dünn um sich selbst gewickelt wie ein Wächter an den Stufen.

Kaum trat man durch die Tür, roch es nach altem Stoff, Parfum und Staub. Der Schiffsplankenboden knarrte nur unter manchen Schritten, und es war wie ein Lauf über ein rätselhaftes Klavier, dessen Bretter wie hölzerne Tasten mal anschlugen und mal schwiegen, wenn August mit bloßen Füßen durch die Räume rannte, so wild, dass hin und wieder Speile in seinen Sohlen zurückblieben, die die Mutter mit einer Nähnadel und einer Brille auf der Nase herausoperierte. Das Haus war eine billige Wunderkammer voll Ramsch, aber ohne Schätze, mit dem der Vater mehr schlecht als recht handelte. Wochenends fuhr er auf Flohmärkte, lud den Kastenwagen voll und kam mit fast ebenso vielen Dingen wieder, mitunter waren es mehr, wenn er etwas entdeckt hatte, von dem er glaubte, es woanders teurer verkaufen zu können.

So vollgestopft war das Haus, dass seine Bewohner kaum Platz hatten in ihm, bis in die letzte Ecke ausgefüllt mit Flohmarktware, Kuriositäten, die man gefunden, und Erbstücken, denen man nicht geschafft hatte zu entkommen. Manche Möbel waren wie Gespenster, die einen Blick in die vergangene Welt freigaben: der dicke Polsterstuhl, auf dessen abgeriebenen Lehnen man unwillkürlich die schweren Unterarme der Vorbesitzerin sah, die geblümte Plastiktischdecke am Küchentisch, durch deren Brandloch man den kleinen Finger steckte und meinte noch die Glut der Zigarette zu fühlen. Um den langen Tisch standen sieben unterschiedliche Stühle, als brauchte jeder Mensch einen eigenen, nur ihm angemessenen Platz, und Schallplattencover in Neonfarben hingen auf feinen Nägeln an den Wänden. In einem Käfig am Fenster saßen Kanarienvögel bunt wie Bonbons und sahen sich in ihren kleinen, hängenden Spiegeln mit geneigtem Kopf an, und auch die Mutter prüfte ihren Lippenstift in der winzigen Reflexion, wenn sie die Tiere fütterte. Die mächtigen Fensterkreuze dahinter erinnerten August an die ausladende Geste des Priesters bei der Sonntagspredigt, das Kreuzzeichen im Namen des Vaters, von oben nach unten und von links nach rechts, eine ewige Segnung der Landschaft. Sie teilten die Aussicht, den Himmel, den Apfelgarten in Rechtecke, auf denen sich das Drinnen und das Draußen überlagerten, und wer hinaussah, sah die Wiese durch die Fingerabdrücke auf den Glasscheiben.

Überall gab es kleine Besonderheiten zu entdecken, über denen man große Augen bekam, in jeder Ecke verbarg sich etwas, das man in anderen Häusern nicht fand. Gerne studierte August die Bilder, die an der Küchenwand hingen. Da gab es steife Familienporträts mit der Größe nach geordneten Kindern, in denen durchsichtige Frauen mit in den Hintergrund verdämmernden Gesichtern von der Decke schwebten. Ein Büblein, das auf einem Tisch stand wie ein Kerzenleuchter, umringt von seinen schemenhaften Brüdern und Schwestern aus dem Totenreich. Eine Uniform, die hinter einem ernsten Ehepaar aus dem Jenseits erschien. Es waren Geisterphotographien aus dem letzten Jahrhundert, Flohmarktfunde, die mit den Jahrzehnten über den Atlantik gereist waren, auf dem einen Kontinent verschwunden und auf dem anderen in Wühlkisten und vollgestopften Emailletöpfen wieder aufgetaucht waren. Sie stammten aus einer Zeit, in der man glaubte, dass Photoapparate auch jene Dinge aufnehmen konnten, die dem menschlichen Auge verborgen blieben. Zwar galt die Gespensterphotographie als unsichere Wissenschaft, und selbst die spiritistische Fachpresse war sich nicht einig, ob sich Geister ablichten ließen, die Entdeckung der Röntgenstrahlung aber, die den Menschen bis auf die Knochen entblößte, verstärkte die Idee, dass die neueste Technik unsichtbare Welten sichtbar machen könne. So entstand eine eigenartige Bilderindustrie für gutgläubige Menschen, auf deren sündhaft teuren Studioporträts fortan schwebende Figuren, bewegte Bettlaken, unscharfe Schneiderpuppen und flüchtige Gesichter neben dem eigenen Antlitz erschienen, mit einer Verlässlichkeit, die man Gespenstern kaum zutraute. Es waren kleine Auferstehungen, graphische Totenbeschwörungen, die die Verstorbenen noch einmal zurück in den Kreis der Familie holten, dirigiert von Photographen, die sie als Medium in die Wirklichkeit führten. Die große Trauer des Krieges, in dem jeder um jemanden zu weinen hatte, befeuerte das Geschäft, denn die Angehörigen der gefallenen Soldaten wollten nur allzu oft ein letztes Mal mit ihnen in Kontakt treten, einen Abschied haben und ein Bild, dem sie eine schwarze Binde anlegen konnten. Die Gespensterphotographen erfüllten ihnen den Wunsch mit Doppelbelichtungen und mit Gesichtern, die sie bereits zuvor auf Glasplatten gebannt hatten, manches Mal lief auch ein Assistent kurz in den Bildraum hinein, während sich die Porträtierten mit angehaltenem Atem nicht bewegen durften, und blieb als rätselhafter Schatten einer anderen Welt auf dem fertigen Produkt zurück. Nicht wenigen der Professionisten, die mit der Sehnsucht nach dem Verlorenen Geschäfte machten, wurde später der Prozess wegen Betrugs gemacht, und doch wohnte der Gespensterinszenierung, dem Handwerk mit dem Unsichtbaren etwas Zartes inne.

Lange dachte August Drach, bei den Bildern in der Küche handele es sich um eine Ahnengalerie, und nahm wie selbstverständlich an, sie wären mit all den Gespenstern verwandt. Als Lilly Drach ihm erklärte, dass die Gestalten auf den Photographien keine an den Fäden der Familie hängenden Vorfahren, aber Generationen fremder Geister waren, fühlte er sich betrogen, denn er hatte sie liebgewonnen, sich Geschichten für sie ausgedacht und sich selbst als Folge dieser Geschichten betrachtet. Für ihn gehörten sie zur Familie. Umso mehr hing er an ihnen, da es keine lebenden Verwandten gab, die er kannte, und bloß der Bruder der Mutter einmal im Jahr zu Besuch in den Garten kam. So hatte er sich unter falschen Annahmen eine Identität an der Küchenwand gebaut, sich selbst als Nachfahre des Mannes mit Schnurrbart und Enkelsohn der Frau ohne Schwerkraft gesehen, als Abkömmling der Vergilbten, der Schwebenden, der Durchsichtigen. Aber es waren nur Fremde ohne Namen, denen er sich verbunden geglaubt hatte.

Wenn es Herbst wurde und die Äpfel rot und gelb an den Bäumen hingen im Garten, rannten August und seine Freunde Jahr für Jahr durch die Wiesen, rutschten, stolperten und fielen ins Gras. Sie rappelten sich wieder auf und hielten still unter den schweren, brüchigen Zweigen, um einander abwechselnd einen Kronprinz Rudolf oder einen Geflammten Kardinal vom Kopf zu schießen, auf den sie sich zum Schutz einen alten Motorradhelm gesetzt hatten. Als Kinder standen sie sich mit Pfeil und Bogen gegenüber, bald mit dem ersten Luftdruckgewehr und später mit einer Pistole, die die Dunkelheit eines Dachbodens freigegeben hatte. Es gab unterschiedliche Arten der Aufregung und der Ehrfurcht, wenn sie einander in die Augen sahen: Während die einen mehr die Schmach fürchteten, den Apfel zu verfehlen, zitterten die anderen davor, den Freund darunter zu treffen, und nur die ins Visier Genommenen hielten stets den Atem an. Fand sich kein Freiwilliger an einem Tag, schossen sie auf die noch am Baum hängenden Früchte, suchten in dem

Wimmelbild des Gartens ein besonders schönes Exemplar, feuerten mit in den Nacken gelegtem Kopf, kletterten hoch und saßen auf den unter ihrem Gewicht nachgebenden Ästen, um das Durchschussloch zu betrachten oder mit den Fingern eine Kugel aus dem weichen Fleisch zu schälen.

August Drach schoss stets als Letzter, schnell und ohne mit der Wimper zu zucken, als wüsste er schon, dass einem das Leben das Abwarten verzieh, aber nie das Zögern. Auch wenn er alle Sorten beim Namen kannte, machte er sich nichts aus Äpfeln, aß sie nie, pflückte sie nur fürs Wilhelm-Tell-Spiel oder wenn seine Mutter es ihm befahl.

Der Apfelgarten war Liebe und Hass der Mutter, in manchem Jahr hatte sie nicht einen Blick für ihn übrig und bemühte sich im darauffolgenden umso mehr, die Verheerungen und Verwüstungen ihrer Nachlässigkeit wiedergutzumachen. Einmal pflegte sie ihn, stand schon morgens im Nachthemd zwischen den Bäumen und hob selbst die Arme wie Äste, arbeitete sich die schmalen Finger rau, schnitt im Frühling und rechte im Herbst, dann saß sie zwölf Monate am Fenster und sah der Verkümmerung zu, hob die Augen für keinen brechenden Zweig, stürzte der Baum auch hinterher. Die Nachbarn sahen über den Zaun auf das unbeeindruckt aufblühende und vergehende Paradies, zogen ihre Schlüsse und flüsterten hinter vorgehaltener Hand, dass die Mutter ein *Apfeljahr* habe, wenn es ihr und dem Garten gutging. In den Apfeljahren stellte Lilly Drach das Radio ins offene Fenster, spielte laut Musik, während sie und die Buben die Früchte ernteten, sich zu Dolly Partons *Golden Streets of*

Glory in die Höhe streckten oder zu Boden beugten. War sie zufrieden mit der Ernte, verkaufte sie die schönsten Exemplare als Tafelobst an den Feinkostladen der Stadt, wo die Äpfel nebeneinander in mit Seidenpapier ausgeschlagenen Holzkisten lagen und die Mutter vor Stolz errötete, als wäre sie einer von ihnen. Die übrigen trugen die Kinder in den Keller, wo sie in der Kälte auf Holzbrettern und Zeitungspapier durch den Winter dämmerten, von einem seltsam organischen Glimmen erfüllt, das man schon von der Tür aus sah in den dunklen Monaten, bevor man noch das Licht einschaltete im Raum.

Wenn der Schnee fiel, kochte Lilli Drach Apfelkompott so blass wie sie selbst, schnitt das helle Fleisch der hochroten, spätreifen Früchte, aß manchmal für Tage nichts anderes und setzte es auch ihrem Sohn vor, wenn dieser sich schlecht fühlte. Nur die Hunde und der Vater weigerten sich, vom Kompott auch nur zu kosten, wenn sie ihnen abends eine Schale hinstellte: Es war eine Kränkung, auf die sie sich verlassen konnte, und eine, auf die sie nicht verzichten wollte.

Was sie sonst den ganzen Tag über tat, seit sie nicht mehr als Krankenpflegerin arbeitete, wusste niemand genau. Sie lebte ein anstrengendes Leben unter dem löchrigen Deckmantel eines unangestrengten Tagesablaufs. Oft saß sie am Fenster zwischen den Gardinen, wickelte sich in die Stoffbahnen ein, wenn sie fröstelte, und sah hinaus, während der Fernseher in ihrem Rücken lief. Spielte mit ihrem Haar, ließ die ausgegangenen Strähnen aus dem Fenster fallen, und obwohl sie wie ein Kind hoffte, dass die Vögel sich daraus ein Nest bauen würden, verfingen sie sich stets bloß an den abstehenden Holzspänen der Kellertür. Sie schlief, wenn sie sich zu sehr langweilte. Fragte sich, wer die Menschen in ihren Träumen wohl waren, Fremde, die ihr vertraut schienen, ohne dass sie sich erinnerte, sie je gesehen zu haben. Trank warmen Zwetschgenschnaps am Nachmittag, sonntags mit Obershaube, die auf dem Gebrannten schwamm.

Auf den braunen Fliesen des alten Couchtisches legte sie große, uralte Puzzle mit Tausenden von Teilen, die sich so ähnlich sahen, dass es manches Mal Stunden dauerte, bis sie den richtigen Ausschnitt gefunden hatte. Riesenhafte Bilder von Pferden und Schwänen, Panoramen staubiger Märchenwelten, entsättigte Königsreiche vergangener Tage wuchsen so Stück für Stück zusammen. Jedes vollendete rührte Lilly Drach, und sie brachte es kaum übers Herz, es wieder auseinanderzunehmen und wegzuräumen, als hätte sie Scheu, eine so intakte, mühsam zusammengefügte Welt in Stücke zu zerbrechen. Wenn sie nicht puzzelte, fertigte sie hin und wieder Collagen an mit allem, was sie fand, klebte Zeitschriftenausschnitte, die herabgefallenen Blätter der Zimmerpflanzen und Grashalme, die in den Ritzen der Fensterbank sprossen, auf Papier und schnitt einmal sogar dem schlafenden August nachts ein bisschen braunes Haar ab, das sie in ihr Werk einfügte.

Sie liebte alles, was schön war, und fand manches schön, was anderen bloß wirr vorkam, weil es über das Paradies keine Einigkeit gab. Du bist nichts als das, was du träumst, sagte sie August nach den Gutenachtgeschichten und Märchen, die sie ihm in Kindertagen und noch später erzählte und deren erfundene Welten sie hellwach machten, während ihr Sohn dabei einschlief. Ich will zu den

Blumen, den Männern, zum Meer, rief sie manchmal wie zu sich selbst.

Die Leute, die das gute Geschirr sparten in den Vitrinen, es jahrein, jahraus hinter den Glasscheiben anstarrten wie etwas Fernes, Exotisches, auf das man achtgeben und vor dem man sich schützen musste gleichermaßen, als wären die Porzellantassen und Kristallgläser Tiere im Zoo, blieben ihr fremd. Wenn sie zu einer Einladung der Nachbarn ging, sah sie verwundert, wie sich die Gastgeber scheuten, die schönsten Teller aus dem Schrank zu nehmen, und schweren Herzens zu den zweitbesten Stücken griffen, während sie selbst, auch wenn sie allein zu Hause war, am liebsten mit dem angelaufenen Silberlöffel aß, den sie am Totenbett ihrer eigenen Mutter unter dem Kopfpolster der Sterbenden hervorgezogen hatte. Auch ein Kind zu haben schien ihr schön, entband sie aber nicht vom Wunsch nach anderen, fremden Schönheiten, die größer waren, nach einer Überwältigung, einer Überraschung, nach etwas, das nicht in den Vorgarten, nicht in den Apfelgarten und das Dorf passte, aber es zu sprengen drohte, träte es ein. Abends las sie gerade noch rechtzeitig die Tageshoroskope für alle, die sie kannte, glaubte an die guten Vorhersagen und fürchtete sich vor den schlechten, griff manchmal noch nachts zum Telefon, um besorgt in Erfahrung zu bringen, ob es um die Liebe der Nachbarin tatsächlich so schlecht bestellt sei oder ob die Gesundheit ihres Bruders wirklich so sehr unter den Sternen leide, wie es in der Zeitung stand.

Augusts Mutter war eine seltsame Person, der man ihre Schrulligkeit nicht übelnehmen konnte, weil sie so gern besonders sein wollte, dass sie gar nicht bemerkte, dass die Leute sie bloß eigenartig fanden. Sie war gläubig, aber ging zum Beten lieber in den Wald als in die Kirche oder kniete am Küchenboden vor einem bauchigen Krug voll Wasser, durch den das Licht fiel, statt vor einem Kreuz nieder. Sie lebte versteckt im Faltenwurf einer unauffälligen Biographie. Als Mädchen machte sie Bekanntschaft mit dem Schicksal, verlor die Mutter schon als Kind und einen über alles geliebten Hund, nicht aber die Lebensfreude, und die frühen Verluste ließen ihre späteren Wünsche nur umso größer und vehementer werden. Später kamen die unvermeidlichen Enttäuschungen des Lebens, eine Liebe endete und eine andere begann nicht, Hoffnungen erfüllten sich und brachten doch nicht das Glück, auf das man dachte so gut vorbereitet zu sein, eine Idee war richtig, aber die Zeit falsch. Sie trug eine blonde Dauerwelle, die sich auf ihrem Kopf türmte, war sehnsüchtig und verloren, müde geworden vor der Zeit, mit schmalen Lippen, die sie stets im falschen Moment aufeinanderpresste. Vieles war ihr passiert, ihr Leben hatte sie sich nicht recht ausgesucht, aber in den entscheidenden Augenblicken auch nicht Nein gesagt, und auch wenn es nicht so war, wie sie es wollte, weil es falsch war in so vielen Einzelheiten, reichte es doch nicht für ein richtiges Unglück. Manchmal aber dachte sie daran, wie ihr, als sie als junges Mädchen vor einem Eisgeschäft wartete, ein Mann die langen Zöpfe abgeschnitten hatte und mit ihrem wehenden Haar in der Hand davongerannt war.

Sie himmelte berühmte Frauen an, wollte sein wie Dolly Parton, wie Lady Di, wie die Nachrichtensprecherin, blickte in die Ferne und manchmal in die Zukunft, nie aber schien sie zu sehen, wer oder was in der Gegenwart anwesend war, um sie herum. Nichts konnte sie mehr enttäuschen als die karge Realität, auch wenn sie wusste, dass man nichts erwarten sollte, dessen Ausbleiben einen doch nicht zu überraschen vermochte. Das Wissen beschützte sie nicht. Sie besaß die Traurigkeit jener Menschen, die Großes vorhaben, aber kaum hoben sie die Hand, schrumpften ihnen die Dinge unter den Fingern, verzwergten sich, scheiterten an der Wirklichkeit. Sie war eine von der Welt Überrumpelte, eine wirre Prinzessin, ewig ungekrönt, eine vom Leben zu Fall Gebrachte, die, wenn sie sich aufmühte, stets überrascht auf einer Stufe unter jener stehen blieb, von der der Wind sie herabgeweht hatte. Je höher sie hinaufwollte, desto tiefer schien sie zu fallen, manchmal sah man sie förmlich in Zeitlupe durch den Küchenboden in die Erde sinken, wenn sie das Geschirr abwusch, während sie sich auf dem Fernsehapparat die Videokassettenaufnahmen von Lady Dianas Begräbnis anschaute und sich an einem Lächeln versuchte, das ihr misslang. Sie bekam nicht genug von diesem großen Tod, der sich auf dem Bildschirm wiederholte und für den die Menschen so schöne Kleider und Hüte trugen, und auch wenn das Unglück schon Jahre zurücklag, so war sie doch jedes Mal aufs Neue so begeistert wie untröstlich. Fragte August seine Mutter, warum sie sich etwas so Tragisches ansah, von dem man überdies wusste, wie es ausging, strich sie ihm bloß seufzend über den Kopf, und stets dachte er, wie gut ihr Blick zu den Millionen traurigen Gesichtern im Fernseher passte.

Sie sah fern, als ginge es um ihr Leben. Ohne den laufenden Apparat tat sie nichts im Haus, machte ohnehin bloß das Notwendigste, und auch das nicht immer, denn allzu ordentliche Häuser hielt sie für einen Beweis der Langweiligkeit ihrer Besitzerinnen, und legte nur auf ihre eigene Sauberkeit wert, roch Tag und Nacht nach Parfum und einer Handcreme, die sie stets bei sich trug. So kam es vor, dass Lilli Drach in einer Wolke aus Pflaume und Orangenblüte inmitten ihrer Versäumnisse lebte, zwischen Geschirrtürmen saß, auf denen die Essensreste trockneten, bis sie von den Tellern pellten, der Müll auf dem Boden zwischen den nackten Zehen raschelte und der Staub in den selten betretenen Zimmern lag wie ein leiser Schnee, in dem man bei einem Blick über die Schulter die eigenen Fußspuren sah. Die Hunde streiften durch die Räume wie durch eine verlassene Stadt. Der Vater rührte keinen Finger, aber erhob oft die Hand. Er starrte erst in das verschlossene Gesicht seiner Frau und öffnete dann Augusts Zimmertür mit einer Geste, die immer die Gewohnheit und manchmal eine Zögerlichkeit verriet, als hätte er einen letzten Zweifel, ob er wirklich über diese Schwelle treten wollte.

Das Betteln, das Schreien und Weinen, das Sich-Winden, das Entkommen-Wollen gewöhnte sich das Kind bald ab, wurde ein stummes Gefäß für die Wut, das nicht wusste, ob seine Aufgabe darin bestand, an der Luft auszuhärten oder zu zerbrechen. Nie lief er schnell genug davon, nie versteckte er sich so gut, dass er nicht gefunden wurde. Nichts half. August wurde bewegungslos unter dem Geruch der Nähe des Vaters, seines Atems nach Zahnstein und Vergorenem. Mehr als August ihn fürchtete, schämte er sich für ihn und auch für sich selbst. Er fand den Vater schwach, seine ungeschickte, unsichere Brutalität, war beschämt, dass er war, wie er war, beschämt, dass er den unscheinbaren Mann dazu brachte, so zu sein, beschämt, dass es ihn, August, traf und keinen anderen. Auch die Hände des Vaters schienen ihm die falschen zu sein, fremd, als gehörten sie gar nicht zu dem Menschen, der sie trug, unpassende, unproportionierte Prothesen der Gewalt, so klein, dass man kaum glauben mochte, dass eine so große Wut in ihnen verborgen war. Im Alltag schaute August ihm oft prüfend auf die Finger, beobachtete, wozu sie sonst noch fähig waren, achtete genau darauf, wie der Vater in einem Buch vorsichtig die Seiten umblätterte oder sich vor dem Badezimmerspiegel die Augenbrauen glattstrich. Eitel war er, das sah August, und dass er gern ein Künstler, ein Schauspieler, jeder andere als er selbst gewesen wäre, das wusste er von den zahllosen Vorträgen, die ihm darüber gehalten worden waren – welches Spiegelbild dem Vater über dem Waschbecken aber entgegenstarrte, blieb ihm verborgen. Die Rolle seines Lebens war bloß die eines Betrunkenen, der versuchte, einen Nüchternen zu spielen. Lange war August zu jung, um ihm ähnlich zu sehen, auch wenn die Mutter oft sagte, sie hoffe, er würde einmal so ein schöner Mann werden wie der Vater, und stets hinzufügte, bis es so weit sei, trage er ja schon seinen Namen. Wie eine Prophezeiung klang das in den Ohren des Kindes, wie eine Anordnung, brav in seine schon fertigentworfene Identität, seine festgelegte Zukunft hineinzuwachsen, der nur noch das richtige Gesicht fehlte. Dann fühlte er sich ein wenig wie ein Doppelgänger wider Willen, und wann immer im Haus nach dem einen oder nach dem anderen gerufen wurde, hoben in ihrem jeweiligen Zimmer beide gleichzeitig den Kopf.

Dieser Vater war ein Mann mit großen Gesten, die ins Leere gingen, Gedanken, die zu kurz griffen, einem Jähzorn, der sich an jedem Missgeschick und an jedem Missverständnis entzünden konnte. Er war widerwillig alt, aber nie erwachsen geworden. Ihm fehlte die Distanz, er kam allem und jedem zu nah, bedrängte die Menschen, ob er sie kannte oder nicht, redete auf sie ein und beugte sich stets eine Spur zu weit vor, so dass sie seinen bitteren Atem rochen. Im Gespräch packte er Fremde an der Schulter und Kellnerinnen am Handgelenk und lachte noch, wenn das Gegenüber schon erstarrte. Oft standen die Menschen wie Säulen vor ihm, Statuen aus Salz, deren Gesten in der Luft stecken blieben. Weil er aber hübsch war und immer rechtzeitig ein Kompliment, eine Anekdote auf den Lippen hatte, verzieh man ihm und schloss den kleinen Mann, sobald man das unangenehme Gefühl, das man nicht recht benennen konnte, abgeschüttelt hatte, ins Herz. Die Frauen liefen ihm hinterher, verwechselten seine Aufgebrachtheit mit Leidenschaft und versprachen sich ein Abenteuer, wenn er ihnen nur zuzwinkerte. Obwohl er stürmisch war, an die Liebe glaubte er nicht. Schon legte er einem den Arm um die Schultern, während man die Hand noch abwehrend hob, schon erzählte er einem im Vertrauen etwas, das sonst keiner wusste, schon war man sein Komplize geworden, ohne es zu merken. Er fasste alle an, war aber selbst ein Unberührbarer, einer, den schon ein unabsichtlicher Stoß auf der Straße in Zorn versetzte, und selbst eine zärtliche Geste seiner Frau, auf die er nicht vorbereitet war, ließ ihn zurückzucken. Nur im Schlaf war er angreifbar, und mehr als einmal stand sein Sohn stumm an seinem Bett in der

Nacht, beugte sich über seine Abwesenheit, seinen vom Dämmer umfangenen Körper, das träumende Fleisch, sah ihm in die geschlossenen Augen und legte ihm einen Finger auf das im Atmen auf und ab schwingende Schlüsselbein, auf den unter der Decke hervorstehenden Fuß, auf den Arm, der herabhing, bevor er ihn – erschrocken vom eigenen Mut, der Umkehrung der Berührung – rasch zurückzog und wieder aus dem Zimmer schlich.

Jenen, die ihn umgaben, diktierte der Vater abwechselnd eine verletzende Nähe und eine ebensolche Distanz, zog sie an sich und stieß sie wieder fort. Er konnte nicht bei sich bleiben, ragte zu weit in die Welt hinein, dehnte sein Inneres über den eigenen Körper hinaus aus. In seiner Gegenwart fühlte man sich im Guten wie im Schlechten porös, ungenügend geschützt von der eigenen Haut, und es kam vor, dass August auch an warmen Tagen einen Pullover mit langen Ärmeln trug, damit er nicht mehr, als er musste, von sich preisgab, weniger Angriffsfläche für die Worte oder die Schläge bot. Und doch gewöhnte er sich an nichts. Wie ihn der Vater immer kleinmachte und daran groß wurde. Wie er die Kälte zelebrierte, nicht ablassen konnte von einem vermeintlichen Fehler. Wie er kein Herz hatte, aber eine Hand. Wie die Festlichkeit der Strafe, das Feierliche daran ihn ganz erfüllte. Wie das hysterische Glück, den Sohn dumm zu heißen, ihn für Stunden in Beschlag nahm. Wie er ihm schreiend durch die Räume folgte, um mit seinen Beschimpfungen immer wieder von vorne zu beginnen. Wie er, wenn er wieder guter Laune war, zu August an der Tür sagte: Sei bloß vorsichtig, die Welt da draußen ist schlecht.

Der Vater redete viel, oft ohne Unterlass und ungeachtet dessen, ob er etwas zu sagen hatte und ob ihm zugehört wurde oder nicht. Leise wurde er bloß, wenn er von August abließ und sich eine Stille im Haus ausdehnte, die sich bis in die letzte Ecke schob, jedes Zimmer erfüllte, als hätte man eine tonlose Saite angeschlagen. Nirgends war auch nur ein Wort zu hören, denn wo die Fäuste sprachen, schwieg der Mensch. Die Grausamkeiten hielten den Vater aufrecht, waren die Stützmuskulatur gegen den großen, inneren Zusammenbruch. Die Härte gegen andere härtete auch ihn selbst, als wäre er ohne sie so weich, dass er in sich zusammenstürzen müsste.

Die Wiedergutmachungen, an denen er sich mitunter versuchte, machten nichts besser, aber alles schlimmer. Er wollte sich entschulden. Manchmal bemühte sich der Vater, Stunden später beim gemeinsamen Abendessen zu scherzen, und forderte August auf, ihm einen Kuss zu geben, aber nichts ist so bedrohlich wie Zärtlichkeit dort, wo sie nicht hingehört, eine Geste der Zuneigung im falschen Augenblick. Es war, als wollte er das Geschehene auflösen in einem Lachen – denn wenn gelacht wird, ist nichts passiert –, aber die Witze verklangen, weil kaum je einer ein Lächeln übrighatte, und auch das erzürnte ihn nur von neuem, als wäre er gekränkt, dass seine Versuche, ein guter Mensch zu sein, ein besserer zumindest, nicht auf Anerkennung stießen. Nur die Hunde rührte er nie an, auch wenn sie ihm am ehesten verziehen hätten, denn ihnen, so fühlte er, konnte er sich hinterher nicht erklären, wie er es sonst heimlich in Gedanken tat, sogar um Vergebung flehte er bei einem unsichtbaren Sohn, bei einem unsichtbaren Gott – und doch bewahrte es die beiden nie vor dem nächsten Mal. Anders als die Menschen gingen ihm die Tiere zu, und auch er lief zu jedem fremden Hund auf der Straße, barg den Kopf der Nachbarskatzen in den Händen, sah den Vögeln im Apfelgarten hinterher, war angerührt von der Liebe, die sie ihm anlasslos, ohne Grund und ohne Preis zeigten. Oft schluckte August, wenn er den Vater so über ein Tier gebeugt sah, und spürte jene Bedrohlichkeit, die entsteht, wenn grobe Menschen etwas mit großer Zärtlichkeit anfassen, obwohl oder gerade weil sie für diesen einen Augenblick wahrhaftig ist.

Auch wenn es in jedem Menschen von Fehlern wimmelte, war sie zu machen im Haus am Rande des Dorfes nicht vorgesehen. Was ein Fehler war, war jedoch nicht genau festgelegt, änderte sich von Tag zu Tag, wechselte mit dem Wetter, dabei hätte August gerne eine verbindliche Aufstellung gehabt, um den einen oder anderen zu vermeiden. Vieles verwirrte ihn. Er fand heraus, dass es gut war, gut in der Schule zu sein, aber es war nicht gut, etwas besser zu wissen als der Vater. Als dieser sich bei der Höhe des höchsten Bergs der Welt um tausend Meter verschätzte und August ihn, stolz, dass er sich die Zahl aus dem Geographieunterricht gemerkt hatte, korrigierte, schlug er seinen Kopf so fest gegen den Tisch, dass die Haut am Haaransatz platzte. Die Demütigung, die der Vater verspürte, unterbrach seinen Redefluss, ließ ihn für Tage schweigen, er sagte nichts, nicht guten Morgen und nicht guten Abend, nicht bitte und nicht danke, das Haus vibrierte unter seiner Stummheit, das Schweigen wurde zum Faden, an dem hängend er sich in sich selbst verirrte und an dem er später zurückgehen musste, um aus dem

Labyrinth seines Inneren herauszufinden. Für die anderen spannte es sich als Fallstrick durch die Räume, die man auf Zehenspitzen durchmaß, um nicht zu stolpern. Die Bedrohung des Ungesagten überstieg die Bedrohung des Gesagten, denn ersterer sah man die Größe des zu erwartenden Unheils nicht an.

Ansonsten lauschte August den Wahrheiten und Formeln seiner Kindheit. Mit zehn kannte August die Macht der Kränkung. Er wusste, dass er gerade stehen sollte, keinen Lärm machen, sein Zimmer aufräumen, dass aus ihm nie etwas werden würde, dass er dumm war, dass er nicht so blöd schauen solle, dass es besser gewesen wäre, man hätte ihn abgetrieben, dass er sich nicht so anstellen dürfe, dass jetzt alles wieder gut war und dass man nur die braven Kinder liebte. Wohin ein Kind sich in Gewitternächten wandte, aber wusste er nicht. Mit dem Schrecken blieb er stets allein, denn wer könnte Schutz finden bei einem, vor dem er sonst floh. Er war immer auf der Hut und immer etwas fern, und auch Fremden gegenüber hielt August eine Handbreit Distanz mehr für nötig als die übrigen Kinder. Nähe, spürte August, hatte ihren Preis. Aber auch die Entfernungen taten weh. Einmal ließen die Eltern ihren Sohn ohne Erklärung allein für einen ganzen Tag im Haus zurück, sperrten ihn in seinem Zimmer ein, während sie die Haustür achtlos offen stehen ließen und das Kind Stunde um Stunde vor Angst schrie, bis ihm die Lunge brannte wie Feuer.

Es war eine Kindheit, die ihn lehrte zu lügen. Warst du das, fragte der Vater, und August nickte oder schüttelte den Kopf und verstand bald, dass keine Antwort je die richtige war. Verneinte er, hieß es: Willst du behaupten, dass dein Vater lügt; bejahte er, galt: Wusste ich es doch. Schuld schien keine persönliche Leistung in dieser Welt, aber eine fremde Zuweisung, ein Päckchen, das man nicht ablehnen konnte, ein Stein, der einem jede Nacht heimlich tief in die Hosentasche gesteckt wurde, so dass man tags darauf unter seinem Gewicht zusammensank. Alle belogen einander, und nicht zuletzt sich selbst, in diesem Haus, und jede weitere Lüge machte sie gierig, auch die nächste zu glauben. Alles wird gut, hörte August die Eltern sagen. Es war ein Glauben gegen alle Wahrscheinlichkeit, eine Hoffnung gegen jede Erfahrung. Es bedurfte einer Vergesslichkeit, einer Erinnerungslücke, die nach einem schönen Moment den schlechten, der ihm vorangegangen war, verschlang. Die Mutter sagte kein Wort gegen den Vater, stellte sich seinem Wüten nie entgegen, schaute lethargisch in sich selbst hinein, aber eilte, kaum war es vorbei, geschäftig und mit roten Wangen zu August, um ihn mit Zärtlichkeiten zu überschütten. Fast schien sie froh, endlich Gelegenheit gefunden zu haben für ihren Trost, es war, als habe sie die entschlossenen Handgriffe ihrer großen Trägheit für gerade jene Augenblicke abgespart, in denen sie einen blauen Fleck mit Franzbranntwein abrieb oder dem weinenden Kind eine süße Milchkaramelle in den Mund steckte. Sie fuhr sich durchs Haar, benutzte Wörter, die sie sonst mied, sprach bestimmt, als wäre sie eine andere, gab sich der eigenen Metamorphose hin, mit dem satten Blick jener, die plötzlich die Gitterstäbe der eigenen Existenz vertilgt hatten und frei waren. Dem Vater fiel er in die Hände, der Mutter in die weit ausgebreiteten Arme. Die Eltern waren ein Kippbild aus Schutz und Bedrohung, ein janusköpfiges

Wesen, das einen erst mit kaltem, dann mit mitleidigem Gesicht ansah. Es war ein Ritual von Gewalt und Zärtlichkeit, eine verhängnisvolle Verstrickung des Gefühls, und August glaubte an die Liebe der Mutter, glaubte die Lüge der Mutter mit der Verzweiflung der Ungeretteten, der Unrettbaren. Und wenn sie ihn vor sich an den Schultern festhielt, ansah und fragte, ob es denn wieder gut sei, konnte auch er nicht anders, als mit ernster Miene die nächste Unwahrheit zu erzählen.

Nur in der Schule musste August erst gar nichts erfinden, denn anstatt sich nach seinen unter einem verrutschenden Ärmel sichtbar werdenden Verletzungen zu erkundigen, gaben sich die Lehrer die Antworten selbst, musterten ihn und sagten bloß: Bist du schon wieder die Treppe hinuntergefallen, hat der Hund dich noch einmal erwischt, warst du nicht brav, August. Etwas anderes von ihnen zu erwarten fiel ihm erst gar nicht ein, und seine Noten waren gut genug, dass sie ihn nicht schikanierten, wie sie es mit anderen Unglücklichen taten. Oft dachte er an jenen Kameraden, der schlecht sah, und daran, wie der Lehrer eines Tages einem anderen Schüler die Brille heruntergerissen und dem fehlsichtigen Kind die fremden Augengläser über die eigenen gesetzt hatte und wie der Freund mit zwei Brillen dagesessen war, unter denen die Tränen hervorliefen, und der Lehrer vor der Tafel gebrüllt hatte: Siehst du es immer noch nicht? August ließen die Lehrkräfte für gewöhnlich in Ruhe, sein Verstand und die richtigen Antworten beschützten ihn. Er saß still auf seinem Platz und beobachtete die Umgebung aus dem Augenwinkel heraus, ohne sich zu rühren, und bewegte sich immer erst dann, wenn er sich selbst ungesehen genug fühlte. Er fiel nicht auf. Bloß zu singen, weigerte er sich standhaft, so dass man trotz aller Drohungen und Verweise nie auch nur einen Ton von ihm hörte im Musikunterricht.

Zu Hause stellte ihm auch die Mutter Fallen, schenkte ihm zu Weihnachten zwei Pullover und war an jedem Tag, an dem er den einen anhatte, gekränkt, dass er nicht den anderen trug. Abends, wenn sie an seinem Bett saß, nachdem sie die Märchen erzählt hatte, erkundigte sie sich manches Mal, wen er denn lieber habe, wollte wissen: Wenn das Haus brennt, wen würdest du retten, wenn du nur einen retten kannst, den Vater oder mich, aber er war schon klug genug, um zu ahnen, dass in der größeren Liebe ein Hinterhalt steckte, und sagte darum stets: Den Hund. Es waren millionenfach gelernte Lektionen. Dann verzog Lilly Drach das Gesicht, rieb sich die Fingergelenke, wünschte mit hoher Stimme eine gute Nacht und verließ das Zimmer, nur um die Frage ein paar Tage später erneut zu stellen.

Wenn sie abends an Augusts Bett Gute-Nacht-Geschichten erfand oder aus den Hausmärchen vorlas, kam Leben in die Mutter, die tagsüber leise mit ihrem dürren Leben und ihrer heiligen Angst am Fenster oder vor dem Fernseher saß. Mit derselben Inbrunst, mit der sie die Versehrungen ihres Sohnes behandelte, stürzte sie sich in die Welt der Mythen und Sagen, als wären auch sie nur ein Trost in anderer Gestalt. Wenn die Helden die Aufgabe meisterten, die zwischen ihnen und dem Glück stand, das bis ans Lebensende hielt, strahlte sie, als wäre die Tat nicht nur den Figuren, aber ihr selbst gelungen, als hätte auch sie Ungeheuer besiegt, Frauen,

Städte, ganze Königreiche gerettet, als hätte auch ihre Bestimmung sich im Erzählten mit einem Mal erfüllt. Die Bücher, die sie schon in ihrer Kindheit unterm Bett aufbewahrt hatte wie einen Schatz, waren fleckig und zerlesen, dünngerieben dort, wo sie in höchster Spannung umblätterte, um zum hundertsten Male zu sehen, wie es auf der nächsten Seite wohl weitergehe. Auf ein gutes Ende kann man sich nie verlassen, flüsterte sie August zu, der manches Mal ungeduldig zum Schluss vorausspringen wollte.

Der mochte am liebsten jene Märchen, in denen die Menschen in Tiere verwandelt wurden. Aus ihnen zog er seine eigenen Schlüsse, sie veränderten den Kinderblick, mit dem er auf die Wesen des Dorfes sah. In jedem vermutete er fortan halb im Ernst, halb als Spiel ein unergründliches Schicksal, forschte, ob der Rabe nicht lachte wie das verschwundene Mädchen und das Pferd nicht den Schatten einer Dame warf, und wann immer er den Dackel des Dorfarztes auf der Straße sah, blickte er ihn prüfend an und überlegte, wer sich wohl in seinem kleinen Körper verbarg und wie man ihn enttarnen könnte. Und war das Reh in der Dämmerung nicht Brüderchen, das aufmerkte, bevor es in die unscharfe Dunkelheit, jene des Waldes und jene der Welt, davonsprang? August wusste, jede Verwandlung war ein Akt der Gewalt. An den Stellen im Märchen, an denen die Verzauberten wieder in ihren ursprünglichen Körper zurückkehrten, die Transformation zu sich selbst durchlebten, wenn die Prinzessin den Frosch gegen die Wand warf oder der Held der weißen Katze den Kopf abschlug, fragte er sich stets, ob die Metamorphose nicht auch umgekehrt möglich wäre, ob er nicht eines Tages, nachdem der Vater sein Zimmer verlassen hatte, als Hund wiedererwachen würde.

Die Hunde nämlich hatten es gut. Sie bekamen all die herrenlose und ungewollte Liebe im Haus am Rande des Dorfes, alle versöhnlichen Gesten, die ins Leere gingen, sie waren Ersatzempfänger. Alle ließen ihre Einsamkeit an ihnen aus. Die Menschen trösteten sich mit ihrer Wärme, beugten sich zu ihnen unter den Tisch, setzten sich zu ihnen auf den Boden, strichen ihnen wieder und wieder über den Rücken, und es war der Trost jener, die, je bedürftiger sie selbst waren, umso hingebungsvoller einen anderen liebten. Die schmalen, glatten Tiere mit den ergrauenden Schnauzen ließen es geduldig über sich ergehen, nur wenn es ihnen zu viel wurde mit der Liebe, drehten sie den Kopf fort und gingen sehr langsam davon. Oft steckte ihnen Lily Drach Bissen oder ganze Teller vom Abendbrot zu, die sie aus Kummer oder aus Prinzip nicht aß, schlang die Arme um die Hunde, und August nahm sie mit ins Bett, wo sie zu seinen Füßen schliefen und im Traum manchmal bellten, was sie – zu alt geworden – tagsüber schon lange nicht mehr taten. Der Vater aber hatte die seltsamste Beziehung zu den beiden. Fühlte er sich von seiner Frau und dem Sohn nicht verstanden, hielt er ihnen Vorträge über die Welt, die an Länge und Lautstärke zunahmen, wenn er getrunken hatte, denn dann wurde er rührselig, heiser und bekam ein Mitleid mit sich selbst, zu dem ein anderer gar nicht erst fähig gewesen wäre. Er trank auf sich und die Toten, seine Gespenster, denen er einen nicht enden wollenden Respekt erwies, und prostete den Hunden mit erhobenem Glas zu. Wie viele Menschen sah er die Tiere öfter mit einem

Hundeblick an als umgekehrt. Dann predigte er vom Küchentisch zu den Rüden vor seinen Füßen mit dem Ernst all jener, die sich als Bauchredner der Unerkannten, der Eingeweihten, der Erweckten fühlten, entwarf komplizierte Theorien über Geld und Politik, verriet ihnen Geheimnisse, zog sie zögerlich ins Vertrauen, verpflichtete sie streng zum Stillschweigen und schüttete ihnen schlussendlich das Herz aus über sein verpfuschtes Leben. Sie waren das beste Publikum, hörig und unbeeindruckt gleichermaßen. Ihre stille Aufmerksamkeit erschien ihm als die Art großer Zustimmung, die die Welt ihm versagte. Hört zu, redete er auf sie ein, ich bin ein guter Mensch, aber die Welt ist schlecht. Zum Jemand-Sein reicht es hier nicht, fügte er stets hinzu, stieß den Finger in die Luft und brüllte die Tiere schließlich in höchster, sich überschlagender Erregung an: Wo ich wohne, bist du niemand.

Wenn er sich wieder beruhigt hatte, den Schmerz überwand und übermütig wurde im Rausch einer langen Nacht, begann er für die Hunde zu zaubern. Hinter der Tür verborgen sah August den Vater in seiner Jahrmarktslaune mit Äpfeln jonglieren, beobachtete, wie er die roten und gelben Früchte durch die Luft fliegen ließ zwischen zwei Schlucken Schnaps, in die Schublade griff und Tennisbälle und Leckerbissen hervorholte, um sie vor den Augen der Tiere wieder verschwinden zu lassen. War er in Hochstimmung, ließ er sie einer Scheibe Wurst im Hütchenspiel hinterherschauen und weidete sich an ihrer Verstörung, wenn sie die falsche Kaffeetasse erwartungsvoll mit der Schnauze anstießen und sich unter dem Becher nichts verbarg außer eine gähnende Leere. Später, als der Vater nicht mehr da war, dachte August oft an den nächtlichen Hokuspokus, die Apfeljonglage im Licht der Küchenlampe, an die Kunst des Verschwindens und dass die Lücke, die er hinterlassen hatte, weniger schmerzte als seine Anwesenheit.

II

Wie der Vater Dinge hatte verschwinden lassen, so verschwand auch er selbst, als wäre er eines Tages unter einer umgedrehten Kaffeetasse abhandengekommen. Die Hunde sahen auf seinen leeren Platz am Küchentisch mit dem gleichen Blick zwischen Überraschung und Gleichgültigkeit, standen wedelnd für ein paar Wochen vor seiner Abwesenheit, bis sie auch diese Gewohnheit aufgaben und lieber in den Zimmerecken auf dem Fußboden lagen, die Augen ins Nichts gerichtet. Stets hatte der Vater daran geglaubt, dass Tiere ein Herz hätten, das besser war, als das eines Menschen jemals sein könnte. Oft hatte der Vater gepredigt, ein Tier würde einen für immer lieben, selbst wenn man es nicht verdient hatte, und August erinnerte sich, wie verstört er gewesen war, als er eines Tages in der Zeitung las, dass in Russland ein Ehepaar, das einen Bären unter seinem Dach aufgezogen hatte, von dem Tier nach vielen Jahren getötet worden war. Auf den Bildern des Magazins sah man zwei hagere Menschen neben einem Röhrenfernseher, die mit einem Kamtschatkabären auf einer Polsterbank in einem ärmlichen Wohnzimmer saßen, in eine Ferne jenseits des Fensters schauten und dem riesigen Wesen mit Löffeln Eier und Äpfel fütterten. Erschüttert war der Vater, betroffen von der Vorstellung, dass ein Tier, dem man vertraute, einen verriet, dass die gemachte Erfahrung es nicht von seiner Natur abhielt und ein seltsamer Augenblick ausreichte, dass es aus dem Nichts die Liebe, die ihm zuteilgeworden war, vertilgte und mit ihr seine Besitzer. Wochenlang saß er abends über den Artikel gebeugt, grübelte, was der Bär gedacht haben musste, als er den Mann und die Frau, die er sieben Jahre lang nicht gefressen hatte, fraß, und fragte sich, was dem Mann und der Frau, die sieben Jahre lang nicht gefressen worden waren, durch den Kopf gegangen sein musste, als es doch passierte. Wieder und wieder überlegte er laut, was die Unregelmäßigkeit seines Wesens, was die Ausnahme seines Verhaltens gewesen war: alle Tage davor oder jener eine des Angriffs. Fragte sich und die Hunde, ob die Gewohnheit oder die Abweichung bestimmte, wer man war. Sann beim ersten Schluck Schnaps darüber nach, ob Identität das Immer oder das Durchbrechen des Immer war. Und rätselte beim letzten, ob ein wildes Tier nicht anders konnte, als sich irgendwann aus der Herrschaft der Liebe herauszufressen, dem Knusperhäuschen der Gefangenschaft, das nie satt machte.

Einmal war es vorgekommen, dass August sich nachts zum Vater vor den Fernseher hatte setzen dürfen, als der Film *Roar* im Spätprogramm lief, weil der ihm als so wertvoll und lehrreich erschien, dass er fand, jedes Kind sollte ihn gesehen haben. Es handelte sich um die Eigenproduktion einer amerikanischen Schauspielerin, die mit Horrorklassikern bekannt geworden war, das fahrlässigste Katzenheimvideo der Welt, den gefährlichsten Tierfilm aller Zeiten. Während der mehrere Jahre dauernden Drehzeit gab es unter den Mitwirkenden siebzig teils schwer Verletzte, Gebissene und Skalpierte. Gemeinsam mit ihrem Ehemann versammelte die Leinwandgröße alle existierenden Arten von Großkatzen in einem Haus in der amerikanischen Steppe und begann mit undressierten, ungezähmten Löwen und Tigern, Panthern und Leoparden, Pumas und Geparden unter einem Dach zu leben. Über hundert Tiere, die in freier Wildbahn, durch Kontinente und Klimazonen getrennt, niemals aufeinandergetroffen wären, bewegten sich auf dem Gelände und wurden Teil eines Abenteuerfilms, dessen Ausstrahlung sich nur für die späten Stunden eignete. Neunzig Minuten sah August, versteckt hinter den eigenen angezogenen Knien, einen Film über das große Experiment des Zusammenlebens: Tiger, die große Autos verfolgten, Löwenrudel, die brüllend durch Türen und Fenster sprangen, Zimmer voller aufgeregter, lauernder Raubtiere, Laienschauspieler, die sich in Todesangst, die sie nicht spielen mussten, vor Prankenhieben in Sicherheit brachten, blutüberströmte Darsteller, die ihren Fluchtreflex zu unterdrücken versuchten, um nicht endgültig dem Jagdtrieb der Großkatzen zum Opfer zu fallen. Während August sich auf dem Sofa fürchtete, bewunderte der Vater mit leuchtenden Augen die Augenblicke jenseits des Schreckens, in denen Tier und Mensch einander preisgegeben waren, sich vertrauten, die Löwen ihre großen Schädel in die schmalen Hände der schönen Frau legten, die Tiger neben ihr im Bett schliefen, die Geparden ihr übers Gesicht leckten. In diesen Momenten fühlte er seine Welt bestätigt, sie rührten ihn so sehr an, dass er August vor Begeisterung gar auf die Schulter klopfte. Es waren die letzten gemeinsamen schönen Stunden, an die sich August später erinnern würde.

Der Vater verschwand in einer kühlen Nacht im Frühling, nahm nichts mit, nur sich selbst, und sogar die Münzen in der Blechdose auf der Kommode ließ er zurück. Hatten auch seine eigenen Eltern ihm stets gesagt, zum Fortgehen brauche man nichts als einen Koffer und einen eisernen Willen, wusste er längst, dass es auf den Koffer nicht ankam und man auch ohne Gepäck schon genug mit sich trug, was einem die Schritte schwermachte. So leise, wie er sonst laut war, schlich er sich davon, und nicht einmal die Hunde hoben den Kopf im Schlaf. Als er die Tür schloss, schloss er auch sein bisheriges Leben. Er schien nicht zu zögern, kein Gefühl hielt ihn zurück: Das Gehen fiel ihm nicht schwerer als das Bleiben.

Bei jedem Abschied gibt es einen, der winkt, und einen, der sich nicht umdreht, einen, der dem anderen nachschaut, und einen, der schon nach vorn sieht, einen, der groß aufragt und laut sagt *Lebewohl,* und einen, dem es die Stimme verschlägt – es sei denn, man macht sich heimlich davon. So ging er, ohne dass jemand davon wusste, ein Aufbruch ohne Publikum, ein Ende ohne Zeugen. Nur an den im Haus herumliegenden Gegenständen, am feuchten Kamm vor dem Badezimmerspiegel, an einem herabgefallenen Pullover an der Garderobe, sah man ein Tableau der letzten Gesten, und das halbgegessene Butterbrot auf dem Küchentisch bewahrte Lilly Drach für einige Tage in ihrem Nachtschrank auf, bevor sie noch einmal neben den Zahnabdrücken ihres Mannes in die hart gewordene Scheibe biss und sie dann in den Müll warf.

Es dauert mitunter nur ein paar Sekunden, bis alle Ordnung zerstört ist in einem Leben, man mit einem Mal nicht mehr zurück, aber bloß nach vorn kann. Wer den Vater davongezaubert hatte und unter welchem Hütchen des Universums er wieder auftauchen würde und in welcher Gestalt, wusste niemand, und ahnte die Mutter auch etwas, so schwieg sie eisern und behielt es für sich. Er ist weg, war alles, was sie sagte.

Es war eine Gegend, die zum Verschwinden geeignet war, empfänglich für die Lücke, mit dichten Wäldern und Häusern, die stets eine Hintertür hatten. Es gab Kinder hier, die man nicht wiederfand, Frauen, die nachts nicht zurückkehrten, Männer, die abends zu Bett gingen, und morgens war es leer. Ein Mädchen kam nicht mehr nach Hause, ein Alter brach mit dem Strick zum Schwammerlsuchen auf, ein Betrunkener war zur Sperrstunde nachts im See untergegangen, weil man seinen Leichnam aber nie fand, fürchteten sich die Badegäste der kleinen Frühstückspension einige Saisonen lang bei jedem Sprung in die Tiefe vor seinem Wiederauftauchen, und auch die Buben und Mädchen des Ortes schworen mit wohligem Schauder, wenn sie einander untertauchten und ihnen das Wasser in den Mund stieg, dass sie in ihm nichts anderes als den toten Koch schmeckten.

Der alte August Drach verschwand, und der junge August Drach blieb, und im Dorf hieß es an den Stammtischen, es gäbe nur zwei Gründe, nicht fortzugehen, entweder weil man bereits zu alt oder weil man noch nicht alt genug dafür war. Im Haus tilgte derweil die Mutter alle Spuren, verwandelte es in eines, in dem der Vater nie gewesen zu sein schien, und noch den kleinsten Gegenstand, der sie an ihn erinnerte, verbannte sie aus den Zimmern, dem Hof, dem Garten. Sie entwickelte eine erstaunliche Kraft, die August an ihr nicht kannte. Das Bettzeug ihres Mannes verbrannte sie im Apfelgarten und sah in die Flammen wie sonst in den Fernseher, sein Gewand gab sie an die Kirche und erschrak, als sie Monate später einen alten Nachbarn im Hochzeitsanzug des Verschwundenen ins Wirtshaus gehen sah, stolz und mit zurückgespannten Schultern, als vergrößere der feine Stoff den über die Jahre Geschrumpften noch ein letztes Mal, für ein letztes Fest. Alle Bilder nahm sie aus dem ledergebundenen Photoalbum, zog jede einzelne Aufnahme, die sie gemeinsam zeigte, von dem klebenden Papier unter der Folie, so dass August später ein leeres Buch im Schrank fand, in dem nur die Bildunterschriften überdauerten. In der runden Handschrift Lilly Drachs standen unter den Lücken die Floskeln aller Erinnerungen, jeder Satz war ein Souvenir vom großen Glück, ein Mitbringsel von kleinen Reisen. *Traumhaft schön am Meer*, las August, *Erster Abend in Italien*, *Abschied vom Süden*, und sah nichts als weiße Flecken, keinen Beweis für die Worte, nur ein großes Fehlen. Und doch blätterte er von Zeit zu Zeit gerne in dem Album, stellte sich die Bilder zu den Sätzen vor und wie groß das frühe Glück gewesen sein musste, wenn es später nur durch seine vollständige Entfernung zu ertragen war. Dann glaubte er die Mutter besser zu verstehen und auch den Sinn des Glashauses, das am Rande des Apfelgartens stand, fremd, verfallend und außerirdisch, und in dem sie seit jeher neben den Äpfeln ihren Traum vom Süden wachsen ließ, wenn sie die Kraft dazu fand in ihren Apfeljahren. Mit einem Koffer voll von in fremden Gärten abgebrochenen Zweigen zwischen salzigen Sommerkleidern, Blättern, die sie im Vorübergehen in die Hosentasche gesteckt, ganzen Pflanzen, die sie am staubigen Straßenrand ausgegraben hatte, war sie wiedergekommen von diesen ersten Urlauben, als wollte sie nicht nur das Gefühl, aber auch die Landschaft des Südens mitnehmen. Während andere kleine Muscheln, hübsche Steine als Andenken wählten, wollte sie, dass die schönen Erinnerungen über sich und sie selbst hinauswuchsen. Die Leute im Dorf zerrissen sich auch über diese Exaltiertheit den Mund, aber mit den Jahren war im alten Gewächshaus, in dem vormals Tomaten gezogen worden waren, eine ganz eigene Landschaft mit riesenhaften Kakteen und kargen Zitronenbäumen, denen die Sonne fehlte, entstanden, eine weitere Welt hinter Glas, ein fremdes Universum, das nur sie bewohnte. Oft saß sie abends in einem Rattanstuhl mit breit aufgefächerter Lehne, der wie ein Thron zwischen den grünen Giganten wirkte, und starrte in die Dämmerung wie in eine Vergangenheit. Ein großer Kugelkaktus, den man den Schwiegermuttersessel nannte, stand daneben auf dem Boden. Wolfsmilchgewächse, Opuntien, Bischofsmützen und Silberkerzen wuchsen unter dem brüchigen Dach, und die schmalen, vielfach untergliederten Blätter der Osterkakteen fielen wie ein Schopf langen Haares aus den Töpfen. Manche ragten als Säulen bis an die Decke, andere waren Skulpturen mit großen, flachen Ohrmuscheln, die sich der Stille zuwandten und in jede Ecke des Glashauses zu horchen schienen. Wie niemand sonst nahmen sie die Unstetigkeit Lilly Drachs hin, kamen für Monate ohne Wasser, ohne einen Blick aus, standen unbeirrt und still in ihrer Unterkunft in der Ecke des Gartens. Auch August mochte die Ruhe, die sie umgab, setzte sich manches Mal mit angezogenen Beinen in die alte Emaillebadewanne in der Mitte des Raumes, und wenn sein Haar noch ein wenig über den Rand hinaus stand, sah es aus, als wüchse zwischen den Terracottatrögen und Anzuchtschalen auch ein Mensch.

Es war ein guter, großer Sommer, der Sommer des Verschwindens, in dem der Himmel blauer schien, als er es zuvor je gewesen war. Verlässlich schön jeder Tag, Morgen für Morgen wurde dieselbe Schablone von Sonne und Wolken aufgezogen, und auch die Temperaturen blieben ohne große Schwankungen. Es war, als wäre August seinem eigenen Leben entkommen und aus dem ihm maßgeschneiderten Schicksal herausgetreten. Die Mutter erklärte ihm, dass er nun der Mann im Hause sei, aber der Bub winkte froh mit erhobenen Händen ab, trat rückwärts durch die Tür in den Sommer und ließ sich von ihm verschlucken. August streifte mit den Buben aus der Nachbarschaft umher, winkte der Gestalt, die in weiten Kleidern am Fenster stand, als wäre auch sie ein Vorhang, bekam nachmittags warmen Kirschkuchen bei den Müttern seiner Freunde und kehrte erst mit Einbruch der Dunkelheit ins Haus zurück. Daheim aß er ganze Brotlaibe allein, er stopfte sich voll, und er schlief wie tot, viele Stunden, in eine Decke gewickelt, bis die Mutter spät die Läden öffnete und ihm die Mittagssonne die Augen aufbrannte, während ihm schon der Schweiß auf der Stirn stand. Das erste Mal in seinem Leben fühlte er sich frei, bereit für etwas, das er noch nicht benennen konnte, aber von dem er spürte, dass er es um jeden Preis haben wollte. Alles zerrte an ihm, an den Haaren und den Knochen zog es ihn nach oben in die Luft, mit den Füßen in den Boden hinein, und mit einem Mal war er neu eingespannt ins Universum, andersartig festgebunden zwischen Himmel und Erde. Auch das Herz riss in ihm, und in manchen Träumen sah er sich mit einem Loch im Rumpf dem in Brusthöhe vor ihm schwebenden Organ hinterhermarschieren über dunkle Wiesen und weite Landschaften, ohne dass es ihm je gelang, es einzuholen.

Alle streckten sich in diesen Monaten zum Himmel, die Kinder zum Alter und die Alten zu Gott, und nur manches Mal kränkte sich August, dass das Gemüse im Garten schneller größer wurde als er selbst, die Bohnenstauden aus der Erde schossen und ihm in nur einem Sommer aus dem Nichts über den Kopf wuchsen. Auf Zehenspitzen stand er dann abends neben der Pflanze im Garten und weinte beinahe vor Zorn, verzog den Mund, schnitt Grimassen, dass selbst die Mutter über ihn lachen musste, bis auch ihr die Tränen kamen. Obschon sie ein trauriger Mensch war, wie sie stets von sich behauptete, hatte August sie noch nie weinen gesehen und die Entgleisung ihres Gesichtes, die Verkehrung der Zeichen im besten Moment, verwirrte ihn vor allem anderen, und der Spott, den er meinte aus ihren Augen herauszulesen, bekräftigte nur seinen unerschütterlichen Entschluss, nicht klein zu bleiben.

Zur gleichen Zeit beobachtete August, dass ein Teil der Mutter erwachte, jeden Tag ein bisschen mehr zu Tage trat, sich aus ihr rettete, als wäre er lange unter ihr selbst, dem Vater, dem Haus und den sinnlos verbrachten Stunden verschüttet gewesen. Lilly Drach begann sich schön zu machen. Es reichte ihr nicht mehr, sich nur die Hände einzucremen und das Haar aufzutürmen, sie schminkte sich so sorgfältig, als würde sie sich ein neues Gesicht malen, und wiederholte lächelnd, was sie in einem Dolly-

Parton-Interview gelesen hatte, wenn sie neue Kosmetikartikel, die sie sich nicht leisten konnte, kaufte: Sie wissen ja gar nicht, wie teuer es ist, so billig auszusehen wie ich. Dass ihre Schönheit hinter dem Gartenzaun und den schiefen Mauern eingesperrt war, dass sie nicht fortkonnte, allein war, ohne Mann, kränkte sie zunehmend, so dass sie sich in manchen Stunden wünschte, wie sie August verriet, zumindest in einem durchsichtigen Haus zu leben, mit transparenten Wänden, durch die die Vorübergehenden sie Tag und Nacht ansehen könnten, damit nichts von ihr verloren ginge, damit sie nicht umsonst war.

Alles wurde anders in diesem Sommer. Seit der Vater und mit ihm die blauen Flecken auf Augusts Körper verschwunden waren, fragte die Mutter nicht mehr, wen er denn lieber habe, breitete die Arme nicht mehr aus für ihn, strich ihm nicht mehr über den Kopf, und als sie sich doch einmal an einer ungelenken Zärtlichkeit ohne Grund versuchte, zuckte August genauso sehr zurück wie sie selbst im Augenblick der Berührung. Es schien, als wären die Gesten ohne Anlass, ohne Not unmöglich geworden, als gäbe es das eine nicht ohne das andere, den Verband nicht ohne die Wunde. Ratlos stand die Mutter mit hängenden Schultern vor ihrem Kind und wusste nichts anzufangen mit ihm. Es war keine Tötungs-, aber eine Zärtlichkeitshemmung, ausgelöst von der zur Schau gestellten Stärke des Gegenübers, die es nun unmöglich machte, zu lieben. August sah, wie sie die Hätschelei der Hunde verdoppelte, als müsste sie die übrig gebliebene Liebe rasch loswerden. Ein paar Mal tat er, als wollte auch er die Hunde streicheln, hoffte, eine Zärtlichkeit abzubekommen, legte seine Hand den Tieren so auf den Rücken, dass sie an die die Rüden kraulende der Mutter stieß, die über sie stolperte wie über einen Fremdkörper. So berührten sie einander fortan kaum, hielten eine kleine, unauffällige Distanz, hatten immer ein fingerbreites, unüberbrückbares Stück Luft zwischen sich, bei allem, was sie taten.

Erst der Zufall, der bald ein Schicksal wurde, eilte ihnen zu Hilfe. Als der Husten, den sich August am See geholt hatte, nicht verging, dazu auch ein Fieber und ein Kopf schwer wie eine Kanonenkugel den Buben quälten, so dass er das Bett nicht mehr verlassen konnte, kam die alte Liebe der Mutter wieder. August, rief sie und warf sich über das Kind, legte ihre kühlen Hände auf seine Stirne und wich tagelang nicht von seiner Seite, flößte ihm heißes Wasser mit gekochter Zwiebel und Honig ein, wickelte ihm Essigumschläge um die dünnen Kinderbeine, ließ ihn an gefrorenen Apfelsaftwürfeln lutschen und las ihm aus den Märchenbüchern und den Horoskopen der Tageszeitung vor oder erzählte ihm die Lady-Diana-Begräbnisgeschichten nach, die im Nebenzimmer über den Fernseher liefen. Die Entfremdung verschwand, wie sie gekommen war. Kaum war er krank, konnte sie die Finger nicht von ihm lassen, wärmte sich an seinem Fieber ihre kalten Hände, bemutterte ihn, übermutterte ihn, und August bemerkte es in seinem Delirium kaum, sah bloß die rotgeschürzten Lippen über sich schweben im Augenwinkel. Plötzlich fiel es ihr nicht mehr schwer aufzustehen, sie wollte den Tag nicht verschlafen, funktionierte wie eine Maschine, kümmerte sich um das hustende Kind, räumte sogar auf, taktete ihren Tag nach der

Krankheit, ohne selbst je müde zu werden. Abends blickte sie, stolz auf ihre Leistungen, in den Spiegel und sah ein Spiegelbild, das selbst genas.

Noch in der Sekunde, in der er halbwegs wieder auf den Beinen war, zog die Mutter ihr bestes Kleid an, klemmte sich eine Krokodilledertasche mit abgeschabtem Henkel unter die Achsel und ging mit August zum Arzt ins Dorf, um sich seiner baldigen Genesung zu versichern. Die gute Nachricht zu überbringen fiel diesem nicht schwer, denn gesunde Patienten waren ihm die liebsten, und auch das tapfere Lächeln der aufopferungsvollen Mutter, die so um ihr Kind gebangt hatte, erwiderte er mit einer Leichtigkeit, die man an ihm so nicht kannte.

Otto Ziedrich war ein Arzt aus Leidenschaftslosigkeit, Erfüllungsgehilfe eines Erbes, das durch die Jahrhunderte gereicht wurde, von Vätern, die in jedem Sohn bloß die außerkörperliche Erweiterung ihrer selbst sahen, eine Verdoppelung, der die Zeit noch nicht zugesetzt hatte. Seine Patienten sah er mit jener Art disziplinierter Sorgfalt an, die verriet, das er lieber an anderes gedacht hätte, es sich aber aus Gewissensgründen versagte. Er bewertete Menschen gern nach ihren Schuhen, denn gute Schuhe, so hatte sein Vater stets gesagt, galten alles, und schon an ihrem Schritt glaubte er durch die geschlossene Tür zu erkennen, wie die Qualität – die der Schuhe und die der Menschen – ausfiel. Er war nicht dick, aber geradezu fett, adipös, so dass er nur von der Schneiderin eigens angemessene Hosen tragen konnte, die von Hosenträgern über seinem Bauchnabel gehalten wurden, und die Leute im Dorf ihn hinter vorgehaltener Hand nur den großen

Otto nannten. Die Wehwehchen und Krankheiten der Bewohner schienen ihn zu betrüben, und lieber als über das alltägliche Unglück unterhielt er sich mit ihnen über das schlechte Wetter und die schönen Tage. Sowenig er leidende Menschen mochte, so sehr liebte er das Essen und das Gespräch darüber. Seine Patientinnen brachten ihm darum selbstgebackene Torten, legten manches Mal ihren Hut und einen ihm formgleichen Kuchen auf den Schreibtisch, zogen Würste aus der Lederhandtasche, packten mit verschmitztem Lächeln süße Marmelade im Glas aus, während sie schon über ihre schmerzenden Gelenke und trägen Innereien sprachen. Die eine oder andere dachte auch an seinen Hund und steckte dem alten Dackel unter dem Tisch, der auf den Namen Rigatoni hörte, einen Knochen oder ein Schweineohr zu. Was es im Dorf zu essen gegeben hatte und was es bald zu essen geben würde, war wie eine Grußformel im holzgetäfelten Arztzimmer, und so geschah es mitunter, dass jemand, statt guten Tag zu sagen, nur erfreut ausrief: Herr Doktor, das Kalbsrahmgulasch! Und da Otto Ziedrich alleinstehend war, folgten den Schwärmereien über vergangene Mahlzeiten seiner Patienten oft Einladungen zu zukünftigen, die er selten ausschlug, und so war er rundum bei jedermann beliebt.

Lilly Drach genoss die Aufmerksamkeit und das Wohlwollen, die ihr in der Ordination entgegenschlugen, die Komplimente der Arzthelferin im Vorzimmer, die ihre Sorgen ernst nahm, die Bestätigung der Richtigkeit ihrer Handlungen. Sie strahlte, sie lächelte, plauderte wie erlöst von ihrer Müdigkeit. Die Art des Arztes tat ihr gut, wie er sie ansah, wie er ihr die schwere Hand auf den Arm legte, wie er sie lobte und auch für August ein paar nette Worte übrighatte, während er ihn mit entblößter Brust ein- und ausatmen ließ und dem feinen, noch heiseren Luftzug im Körper hinterherhorchte.

Hat die Mutter sich gut um dich gekümmert, fragte er, und August nickte mit gesenktem Blick im selben Augenblick wie Lilly Drach.

Tagelang noch sprach sie von dem Arztbesuch im Dorf, lief aufgeregt auf bloßen Füßen durch die Zimmer über die knarrenden Dielen, erkundigte sich zahllose Male nach Augusts Befinden, seinem Husten und schien stets ein wenig enttäuscht, dass dieser beinahe verschwunden war. Dennoch verbot sie ihm, das Haus zu verlassen, verbot ihm den Sommer draußen, befahl ihm mit besorgtem Blick, sich zu schonen, fand selbst seine Schritte zwischen Küche und Badezimmer zu schnell und forderte ihn auf, langsam zu gehen, damit er sich nach dem schweren Fieber nicht überanstrenge. Dass er wieder gesund war, wollte sie nicht hören, dass ihm nichts mehr fehlte, wie er ihr versicherte, schob sie beiseite, wie man einen Gegenstand verrückt. Ich seh doch, dass es dir nicht gutgeht, rief sie und legte ihm die Hand auf die Stirn und zwang August, der so laut widersprach, wie er nur konnte, sich auch tagsüber für ein paar Stunden ins Bett zu legen. Dort starrte er an die Decke und aus dem Fenster, während sich die Stunden so sehr glichen, dass er keinen Anfang und kein Ende fand in ihnen, bloß dem Weg von Licht und Schatten an den Wänden mit den Augen folgte. Die Nachbarsbuben warfen harte Holunderbeeren und Kieselsteine an die Scheiben, um ihn wieder mit hinaus in die Ferienhitze zu locken, aber er traute sich nicht, aufzustehen, dachte an den Vater, der nicht mehr da war, an die Strafe, an die falschen und an die richtigen Antworten und daran, dass er es diesmal gut machen wollte, auch wenn jeder Muskel zuckte und er bereit war, loszulaufen. Dann war alles leise, nur der regelmäßige Atem der Mutter, die nebenan ihren Nachmittagsschlaf schlief, wurde mitunter zum Pfeifen, und wie die Figur einer Kuckucksuhr trat sie ihm dann ins Bewusstsein und zerriss die Stille und die lastende Langeweile, die sie begleitete. Dann geschah es, dass er die Augen zusammenkniff, erst das Kinderzimmer, dann das ganze Gebäude um sich herum schrumpfen fühlte, spürte, wie es ihm auf den Leib rückte, sich um ihn legte, so eng, dass ihm schien, er trüge das Haus plötzlich wie ein starres Kleid, eine zweite Haut mit geschlossenen Fenstern und versperrter Tür, der er nicht entkam.

Mit Apfelkompott, Tee so heiß wie der Sommer draußen und kleinen Tabletten, die ihm helfen sollten, wieder auf die Beine zu kommen, war die Mutter fortan um August herum, und obwohl die Pillen ihn stärken sollten, wie sie sagte, fühlte er sich müde, sobald er sie geschluckt hatte, schläfrig und beinahe schwindlig. Die Kraft verließ ihn Stück für Stück. Hin und wieder wurden ihm auch die roten Köpfe der Streichhölzer in den Mund gesteckt, an denen er lutschen sollte, da der Schwefel ein altes Hausmittel gegen Schwäche sei. Eine Übelkeit drückte ihm den Magen hoch, als wollte sie das Organ durch den geöffneten Mund herausschieben, und unversehens hatte er Angst, sein Innerstes könnte auf den Küchentisch fallen, ein Festmahl für die Hunde oder die hungrigen Hände der Mutter.

Die Tabletten für schwere Fälle von Parkinson und Migräne waren ein Relikt aus einem anderen Leben der Mutter, einem, an das sie sich nur hin und wieder erinnerte. An diese fernen Jahre dachte sie als an eine Zeit, in der sie kein Horoskop und keine Zeitung zur Kenntnis genommen, aber an den blauen Tablettendosierern den Wochentag abgelesen hatte. Damals ging sie Morgen für Morgen in fremde Häuser, streichelte fremde Katzen, sprach deren Besitzer mit dem Nachnamen an, rief *Herr Schneider*, *Frau Idam*, bestimmt und übergenau artikulierend, um zu den auf sie Wartenden durchzudringen, als wäre die richtige Ansprache der letzte Schlüssel, der in den durch Alter und Gebrechen entrückten Menschen sperrte. Manche waren von der Krankheit gekrönt, stolze Tyrannen, andere waren vom Schmerz in sich zusammengestürzt und aus der Welt gefallen. Alle waren sie bedürftig, weich und gleichzeitig wütend auf die letzte Aufgabe, die ihnen das Schicksal gestellt hatte. Sie wachten in ihren verfallenden Körpern, warteten auf das große Zerbrechen und wollten doch nicht sterben, aber leben. Kaum einer war versöhnt mit der eigenen Vergänglichkeit. Nur Einzelne hörten auf zu essen und zu trinken und fasteten sich starrsinnig in den Tod, weil sie über ihr Ende selbst entscheiden wollten. Während sie die Männer und Frauen wusch und ihre Druckgeschwüre versorgte, ihnen Windeln anlegte und Verbände abnahm, sich Tabletten erst in die Hand und ihnen dann auf die Zunge zählte und für jeden dabei eine Geste des Trostes hatte, hörte sie den Geschichten der Alten zu. Die gingen ihnen nie aus, sie waren alles, was den Leuten an ihrem Ende geblieben war. Ganze Lebensläufe, große Geheimnisse und kleine Geständnisse wurden ihr damals anvertraut, aufgesprochen wie auf Tonband. Wer nichts hat außer Zeit, die nicht vergeht, gibt sich bereitwillig selbst preis, gibt all seine Geheimnisse auf. Die Leute redeten und redeten, redeten sich das Schweigen von der Seele, von der Leber, vom Herzen, legten Zeugnis ab von ihrem Leben und von dem, was sie sich als das ihre gewünscht hätten. Stets nickte sie wie zur Bestätigung, wenn sie die Erzählungen, Beichten und Litaneien auch zum hundertsten Mal hörte. Und kannte die Männer und Frauen mit der Zeit besser als ihre eigene Familie, wusste von allen Freuden und allen Verbitterungen, dem Glück und den Wunden, wer sie über die Zeit enttäuscht hatte und wann sie es bloß selbst gewesen waren.

Der eine unterhielt über Jahrzehnte ein Verhältnis mit einer verheirateten Frau, die er sehr liebte, aber als der Ehemann seiner Geliebten verstarb und der Platz frei wurde, wollte sie nicht ihn, dafür einen anderen, und er hatte sein Leben lang umsonst gewartet. Der Zweite überlebte einen Unfall, in dem drei seiner Freunde starben, und wollte das Wunder nicht annehmen, so dass ihm stets vorkam, er wäre unberechtigt auf dieser Welt. Die Nächste hatte einen Sohn, der, so sagte sie, unschuldig als Mörder im Gefängnis saß und der in ihrem Kopf über die Jahre ein Heiliger geworden war, Opfer statt Täter, ohne jede schlechte Eigenschaft, so dass sie sich nicht einmal erinnern konnte, dass er geraucht hatte, obwohl er im Dorf nie ohne Zigarette gesehen worden war. Es gibt keinen besseren Menschen als ihn, sagte sie stets am Ende ihrer Erzählung, die sie so eindringlich vortrug, als müsste nur ein Einziger daran glauben, damit sie wahr würde. Dass er dafür verurteilt worden war, seiner Frau sechzehnmal das Küchenmesser in den Rücken gestochen zu haben, erwähnte sie nie, und auch nicht, dass man in der Zeitung lesen konnte, er habe gegen ihren schon leblosen Leib getreten, als wäre es ihm nicht genug gewesen, sie einmal sterben zu sehen, als wollte er ihrem Tod noch einen und noch einen und noch einen hinzufügen. Herr Faustka hatte seine kleine Tochter an einem brütend heißen Sommertag in seinem Wagen gelassen, als er nur rasch etwas aus seinem Büro holen wollte, dann aber in den Arbeitsunterlagen, die er auf seinem Schreibtisch liegen sah, versank und den glühenden Kinderkörper Stunden später, als er das Auto wieder aufschloss, tot fand. Frau Sand wiederum hatte nach einer Gebärmutterentfernung in frühester Jugend kein Kind bekommen können, aber sah sich selbst noch kurz vor ihrem Sterben im Traum von oben mit einem riesigen Schwangerschaftsbauch im Bett liegen, der aus ihrem faltigen Körper ragte. Das Bein, das er durch einen ganzen Krieg und die Jahre der russischen Gefangenschaft gerettet und, kaum war er frei, beim Mähen verloren hatte, tat Herrn Kokol noch immer weh, so dass Lilly Drach mehr als einmal einen Spiegel an das verbliebene halten musste, damit sie den unsichtbaren Schmerz in der seitenverkehrten Spiegelung einrenken konnten. Doktor Mokry wurde die Erinnerung nicht los, in der er als Arzt neben einem toten Kind stand, um das tagelang die ganze Welt gebangt hatte, nachdem es in einen Brunnenschacht so schmal wie seine eigene Brust gefallen war. Und auch die Scham verfolgte ihn, dass er sich zu früh gefreut hatte, als es endlich geborgen war und Minuten später, vermeintlich in Sicherheit, doch starb und ihm der Jubel der Rettung für immer im Hals stecken blieb.

Es war eine gute Zeit, die Tage mit den Alten, nur einmal hatte sie an einem schlechten Tag eine widerspenstige Patientin bewusst grob angefasst, so dass diese zusammengezuckt war, während sie selbst kein Bedauern, bloß die Befriedigung der ausgleichenden Ungerechtigkeit, die Schönheit der kleinen Grausamkeit spürte. Es war eine kleine Vergeltung jener Art, die für einen Augenblick das Leben der einen leichter und das der anderen schwerer machte und die, war sie erst geschehen, doch das zu tragende Gesamtgewicht aller Mal für Mal anhob. Fehlte sie mitunter an allen Ecken und Enden, so gab es doch Momente großer Zärtlichkeit in ihrem Beruf. Eine Dame im Rollstuhl, die, als sie Lilly Drach die Erschöpfung des Tages ansah, sagte, heute solle sie sich setzen, sie bringe ihr ein Glas Wasser, und aufspringen wollte und für eine Sekunde vergessen hatte, dass sie es schon lang nicht mehr konnte. Ein Herr, der über Wochen alle roten Rosen mit der Nagelschere und mit zitternden Händen aus der Fernsehzeitung ausschnitt, um ihr den papierenen Strauß an ihrem Geburtstag zu überreichen. Ein Alter, der, wenn sie ihn fragte, in welchem Sternzeichen er denn geboren sei, stets scharf nachdachte und dann freudestrahlend verkündete: Fuchs. Die Patienten liebten sie, drückten der jungen Frau mit den großen Ohrringen abgelaufene Pralinenschachteln in die Hand, nannten sie, Kinderl und Mäderl, zogen sie nah zu sich heran und fragten, was sie noch vorhabe mit ihrem Leben, worauf sie nichts zu sagen wusste, bloß dass es groß sein und nichts zu tun haben sollte mit dem, was es war. Denn die Würde jener, die niemand anderer sein wollten als sie selbst, kannte sie schon damals nicht.

Überall war sie gern gesehen. Nur zwei ihrer Patienten besuchte sie mit einem gewissen Widerwillen: ein demenzkrankes Ehepaar, der Mann klein und dürr und gewalttätig, ein Greis in Jogginghosen, der seine Frau schlug und gern an ihren langen, weißen Haaren riss. Nie war sie sich sicher, ob er sich im wahrsten Sinne des Wortes vergaß, wenn er die Hand gegen sie erhob, oder ob die Geste das Einzige war, an das er sich aus seinem vergangenen Leben gut genug erinnerte. Vielleicht, überlegte sie dann, war es auch ganz einfach, und die Liebe hörte in dem Augenblick auf, in dem man nicht mehr aneinander denken konnte und der eine den anderen aus dem Gedächtnis verlor, während man noch in unterschiedlichen Ecken des gleichen Zimmers saß.

Den größten Schmerz erkennt man an seiner Wiederholung, an seinem Nicht-kleiner-Werden und unverbrüchlichen In-der-Welt-Sein, predigte die Mutter später dem kleinen August in die Wiege, der weder die Weisheit noch die schlimmen Lebensgeschichten der Alten verstand, die sie ihm statt eines Märchens erzählte, wenn sie sentimental an die Arbeit zurückdachte. Und dass der Tod für viele verworrene Geschichten ein willkommenes Ende sei, berichtete sie dem Säugling auf ihrem Arm, dass es ohne ihn manchmal keine Lösung, keine Erlösung gebe.

Viele Jahre später kehrte die Mutter zurück in die Welt der Krankengeschichten und der Pflege. Wahnsinnige Ideen entstehen nicht im Kopf, wahnsinnige Ideen wachsen unter der Stirn wie ein zweites Herz. Bald arbeitete

Lilly Drach an den hellen Nachmittagen nicht mehr mit Zeitungsausschnitten und Grashalmen, aber bastelte August eine neue Vergangenheit, saß über Papiere gebeugt, schrieb Arztbriefe und stempelte Entlassungspapiere, kopierte Unterlagen aus der Zeit ihrer Pflegetätigkeit, ahmte den Aufbau der Schreiben nach, benutzte Wörter aus einem Lexikon der Medizingeschichte, das sie in einer der Flohmarktkisten im Wohnzimmer entdeckt hatte. Sie tippte, druckte und collagierte, übte fremde Unterschriften, beglaubigte Augusts Leid, erfand ihrem Sohn eine lang zurückreichende Krankengeschichte, eine, an der immer schon etwas nicht gestimmt hatte. Von der dünnen Haut mit den wiederkehrenden Blutergüssen war dort zu lesen und der außergewöhnlichen Neigung zu blauen Flecken an Armen und Beinen, von der schwachen Konstitution des Kindes, seinen zerbrechlichen Knochen, seiner übergroßen Müdigkeit, dem Schwindel, der es schon befiel, wenn es bloß auf einen Stuhl stieg. Sie legte die Fährte in die Vergangenheit, streute die Brotkrumen rückwärts, mit jedem Blatt Papier, das sie fälschte, war August schon lang und länger krank gewesen, hatte an kaum diagnostizierbaren Beschwerden gelitten, eine Unzahl teurer Untersuchungen durchlaufen, die ihm einen schlechten Zustand bescheinigten, Allergien und sogar einen kleinen Herzfehler. Alles war verkehrt, ausgedacht, diffus. Nichts stimmte. Einzig die Krankenhaus-Dokumente von seinem zertrümmerten Schlüsselbein am Weihnachtstag waren echt.

Bald gingen sie nicht nur zum Arzt, aber Otto Ziedrich kam auch zu ihnen ins Haus. Oft stand der dicke Mann, begleitet von seinem Dackel, träge und besorgt an

Augusts Bett, in das dieser erst kurz zuvor gesteckt worden war, während sich die Mutter hinter ihn drängte und mit roten Wangen rief: Sag dem Arzt, dass es dir nicht gutgeht! Immer roch es nach Schweiß und überreifem Obst im Krankenzimmer. August war so müde, dass er nicht wusste, ob er wachte oder schlief, hatte einen metallischen Geschmack im Mund und fühlte sich so schwer im eigenen Körper, als wären seine Organe durch die runden Messinggewichte der Küchenwaage ersetzt, als lägen ihm Lider aus Blei auf den Augen, als wäre ihm der Kopf mit Gold ausgegossen. Er wollte dem Arzt sagen, dass es ihm doch gutgehe, aber wusste, dass der Satz, der vielleicht am Morgen noch wahr gewesen war, sich irgendwann in eine Lüge verwandelt hatte, nachdem er im ersten Licht durch den Apfelgarten gelaufen war mit den Hunden und die Mutter die Tiere und ihn scharf zurückgepfiffen hatte. Hatte er sich in der Früh auch gesund gefühlt, nahm er auf ihren Ruf hin doch rasch seinen Platz in der Krankheit wieder ein und schlüpfte nach einem Glas trübem Wasser, das sie ihm gab, wie auf Befehl in müde Glieder, wie man in eine Jacke und in eine Hose stieg.

Herr Ziedrich verschrieb ihm neue Medikamente, viel Schlaf und ein wenig Geduld. Lilly Drach bot er Trost, Geld für die unbezahlten Rechnungen und seinen Arm, wenn sie nach den Hausbesuchen gemeinsam einen Spaziergang unternahmen, weil man mit Sorgen an die frische Luft müsse und eine so schöne Frau nicht im Hause verkümmern dürfe. Er war pünktlich wie ein Wecker und stand Nachmittag für Nachmittag wieder vor der Tür. Dann schlenderten sie langsam zum See, gingen die Feldwege entlang, ruhten an den Flurdenkmälern aus, blieben lange vor jenem Marienmaterl stehen, wo der Umhang der Muttergottesstatue noch immer voller Einschusslöchern aus dem Krieg war, in die die Menschen der Gegend mitunter einen kleinen Finger legten, wenn sie um Unmögliches baten, als hofften sie auf die Durchlässigkeit der durchlöcherten Schutzmantelmadonna. Nach den ersten dieser Ausflüge lud die Mutter den Arzt ein, zum Abendessen zu bleiben, kochte die wenigen Speisen, die sie zubereiten konnte, machte Palatschinken, die in der Gusseisenpfanne kleben blieben, wärmte die Rahmsuppe mit verlorenem Ei auf, bis sie überging, streute Salz auf die Herdplatte mit dem Eingebrannten. Sie legte Lippenstift und eine Platte auf und schwebte durch die schmutzige Küche wie die Königin der Nacht, kehrte die toten Fliegen mit der einen Hand in die andere und ließ sie verschwinden, wie einst ihr Mann den Hunden die Wurst aus den Augen gezaubert hatte. Servierte warmen Zwetschgenschnaps in Mokkatassen mit jener mal zarten, mal obszönen Anziehungskraft, die den Unglücklichsten eigen ist. Las dem Doktor das Horoskop vor, und war es nicht gut genug für ihn, nahm sie sich ein Herz und erfand noch während des Lesens ein neues, das eine schöne Zukunft versprach. Wenn August wie aus einem dunklen Traum aufwachte in diesen Nächten und sich zur Tür schlich, sah er, wie die Mutter den großen Otto anlächelte mit dem Lächeln jener Menschen, die immer hinter einer Erlösung herjagten, und jener Frauen, denen jeder Mann ein Heiland war, der noch ein Himmelreich für sie in der Manteltasche verborgen hatte, das er, wenn sie sich ausreichend bemühte, zum rechten Zeitpunkt wie zur Belohnung hervorholen würde. Die Hunde wandten sich ab von diesem Schauspiel, legten ihre Schnauzen auf die leeren Stühle, nur der fremde Dackel saß in einer Ecke zwischen den staubigen Ballonflaschen und Stapeln alter Zeitschriften auf dem Boden und starrte seinen Herrn auf eine Weise an, dass es August schien, das Tier habe einen aufdringlichen, unerbittlichen Menschenblick, als wäre es ein Mensch im Tierkostüm. Nur mühsam riss er sich los von der Szenerie, wankte zurück ins Bett, fiel in den Schlaf, aus dem er gekommen war, träumte sich durch die verbliebene Nacht und die verbliebene Wirkung der Tabletten, um morgens frisch und munter die Augen aufzuschlagen und wieder von vorne zu beginnen mit dem Krankwerden.

Schnell hieß es im Dorf, die Frau sei ein Flittchen und der Bub unheilbar krank, und man bedauerte, dass Lilly Drach nicht mehr Kinder hatte. Die aber strahlte, fühlte ein Glück, das sie schon lange nicht mehr für möglich gehalten hatte, war sich ihrer selbst sicher wie nie, hatte keinen Platz mehr für die schlechten Stunden und die schlechten Erinnerungen, so beschäftigt war sie, sich immer wieder um den armen August zu kümmern. Denn die namenlose Krankheit kam in Wellen, es gab Tage wie früher, doch kaum spürte sie, dass es in ihrem Inneren zu schwanken begann, sich das Bild ihres Selbst von der Haut löste, verschlechterte sich auch der Zustand des Kindes, und sie eilte herbei, um es zu retten. Das Glück der Rettung stieß sie zurück in ihr Ich, und sie begrub August unter ihrer Strenge und ihrer Zärtlichkeit. Erst wenn das Schwanken nachließ, ließ sie auch von dem Buben ab, wandte sich wieder dem Fernseher und ihrer Frisur zu, bis die Erschütterungen stärker wurden. Dann griff sie zu der bauchigen Zuckerdose im obersten Fach des Küchenschranks, in der die Tabletten rasselten, wenn man sie mit spitzen Fingern herunterhob.

Einmal kam es vor, dass sie den delirösen August im Rollstuhl ihrer verstorbenen Mutter, den sie auf dem Dachboden gefunden hatte, durch das Dorf schob, ihn ausstellte wie ein Tier, seinen Rumpf mit Seidentüchern an die Rückenlehne gebunden, und sich an den Blicken der Menschen weidete, tapfer lächelte, auf ihrem Weg Hof hielt und von links und rechts über den Gartenzaun das Mitleid wegen ihres Schicksals und die Bewunderung, es zu meistern, entgegennahm. Im Dorf war die rätselhafte Krankheit im Haus der Drachs die größte Aufregung seit dem Verschwinden des kleinen Nachbarmädchens, das dessen Vater im eigenen Garten zwischen den Obstbäumen und Brennnesseln nicht wiedergefunden hatte, nachdem er mit einer Kiste gerade geernteter Äpfel in den Keller gestiegen war, um sie auf den Brettern für den Winter einzulagern. Noch den letzten Winkel der Wiese suchte er ab, hob Holzstücke auf, zu klein, als dass sich auch nur ein Tier dahinter verbergen hätte können, stand bald in der Mitte des Gartens und schrie, so laut er es vermochte, zuerst den Namen des Kindes, dann nur noch Hilfe, Hilfe, Hilfe, bis seine Stimme sich überschlug. Nichts schien dem Mann je leerer als sein blühender Sommergarten. Innerhalb von Minuten kamen die Nachbarn aus allen Richtungen angelaufen, August rannte mit ihnen, und schnell versammelte sich eine Menschenmenge unter den Apfelbäumen, keine Stunde verging, und Männer in Uniformen durchkämmten mit

Hunden das Dorf, die Straßen, die Felder. Während die Eltern gerade damit begannen, womit sie ein Leben lang nicht mehr aufhören sollten, nämlich zu warten, liefen schon Dutzende Menschen mit Stöcken und Besenstilen durch das hohe Gras am Ufer des Weihers, schlugen links und rechts ins Dickicht, standen im Wald wie Bäume und hofften, nicht zu finden, was sie suchten. Als die Kleine bis zum Abend nicht aufgetaucht war, saß der Vater regungslos zwischen den Männern der Feuerwehr auf der Küchenbank, während seine Frau, nachdem sie sich ein Glas Wasser eingeschenkt hatte, unversehens auf ihn einschlug, mit aller Verzweiflung und mit aller Kraft, und er nicht einmal die Hand hob, um sein Gesicht von den Schlägen abzuschirmen, denn er fühlte, dass es auf der Welt nichts mehr zu beschützen gab.

Die heiße, himmelschreiende Hoffnung der ersten Stunden und Tage wurde im Dorf zu einer zermürbenden, von der man sich nicht sicher war, ob sie den Wahnsinn im Zaum hielt oder ihn nährte. Die Sorge fraß den Eltern die Gesichter herunter, schon nach Wochen waren sie nichts als dünn und ausgezehrt und eingefallen, sich selbst so unähnlich geworden, dass Freunde sie kaum wiedererkannten, und auch Fremde sahen, dass ihnen Furchtbares zugestoßen sein musste. Den Anblick von Uhren hielten sie nach dem Verschwinden des Kindes nicht mehr aus, konnten weder ertragen, wie die Zeit verging, noch, wie sie stehenblieb, sie sahen sie an, als wollten sie ins Ziffernblatt springen, sich mit ihren dürren Körpern gegen die Zeiger stemmen und sie durch die Kraft des Universums zurückschieben. Obwohl sie immer müde waren, war es ihnen unmöglich zu schlafen, denn Zeit im

Schlaf war Zeit, in der sie nicht an ihr vermisstes Kind denken, nicht hoffen, nichts tun konnten, und war es auch nur zu warten. Sie wachten, und noch spät in der Nacht sah man in der Dunkelheit des Dorfes stets ihr erleuchtetes Fenster, ein nie ausgehendes Licht, als hätten sie statt einer Kerze ihr ganzes Haus angezündet zur Erinnerung. Nur manchmal sanken sie zwischen zwei Gedanken für ein paar Stunden in eine komatöse, traumlose Erschöpfung, so tief, dass sie, wenn sie die Augen wieder aufrissen, in die Wirklichkeit wie über Stufen hochsteigen mussten, sich Schritt für Schritt, Schicht für Schicht schwer wie Blei über eine innere Wendeltreppe zur Welt hinaufkämpften.

Für Wochen gab es kein anderes Gesprächsthema im Dorf, Zeitungsredakteure, Verwandte und Schaulustige belagerten den Ort, die Polizei hielt Pressekonferenzen zwischen Familienphotographien und Bleikristallvasen in der Wohnstube des kleinen Hauses, Gerüchte, eines schrecklicher als das andere, kamen auf und verschwanden wieder, wenn man doch keine Beweise für sie fand. Im Entsetzen und in der Schaulust geeint, standen die Bewohner eng zusammen, boten ihre Hilfe an, buken Mehlspeisen wie bei einem Todesfall, so dass die Treppe am Haus des vermissten Kindes bald vollgestellt war und einer steinernen Etagere glich mit Rouladen und Rehrücken, Potizen, Nusskronen und Zitronentörtchen, in deren weichen Teig die Vögel pickten, wenn sie nur lange genug unter dem freien Himmel standen. Tagelang ließ man die Kinder kaum auf die Straße, sah, wie sich allerorts die Mädchen und Buben die Nasen an den Fensterscheiben plattdrückten und in die Welt spähten, die wirkte wie immer, aber eine perforierte war, leck, beschädigt, mit einem kleinen Loch, in dem allem Anschein nach ein ganzer Mensch verschwinden konnte. Argwöhnisch betrachtete man beim Kirchgang jene, die man noch nie gemocht hatte, die einem stets seltsam, eigenbrötlerisch, verdächtig erschienen waren, raunte hinter vorgehaltener Hand, wem man zutraute, mit dem Verschwinden zu tun zu haben, suchte in den Gesichtszügen der anderen nach dem Echo einer Schuld, aber keiner war frei davon.

Als man das Mädchen auch nach einem halben Jahr nicht gefunden hatte, sagte der Vater: Das Kind ist tot. Er sprach das Schlimmste aus. Er wollte nicht mehr warten. Es brachte ihm jene Erleichterung, die entstand, wenn man sich im größten Unglück endlich auf den langen Weg des Ertragens und der Wiederherstellung machte, auch wenn niemand wusste, ob der Weg insgesamt kürzer würde, wenn man ihn früher nahm, ob er gleich blieb oder sich sogar ausdehnte. Er tröstete sich mit Musik, mit Konzerten aus dem Radio, und einmal, als ihm die Erinnerungen zu sehr zu Kopf stiegen, trug er sein Cello den Berg hinauf, schleppte den schwarzen Kasten mit der Frauentaille in den Wald und spielte, bis es dunkel geworden war, mit weit aufgerissenen Augen und ohne Applaus. Die Mutter aber ließ nicht ab vom Hoffen, denn solange das Gegenteil nicht bewiesen war, wollte sie mit dem Unwahrscheinlichen rechnen, und so warteten unter einem Dach fortan die eine auf ein lebendiges Kind und der andere auf ein totes. Als der Vater eine Messe für seine Seele lesen ließ, stand die Mutter auf dem Friedhof neben der kleinen Kirche blass zwischen den Gräbern im Wind und schrie durch die Tür den versammelten Gläubigen den

Verrat hinterher, die nur an die Toten glaubten, nicht an die Lebenden, eine von Gott Verlassene, die auch dem Pfarrer nicht mehr die Hand gab, weil er nicht mit ihr hoffte. Nur Lilly Drach stand der Nachbarin bei, auf ihre Weise. Sie packte August an der Hand und brachte ihr die Horoskope, die verhießen, dass doch noch alles gut würde, kleine, ausgeschnittene Papierfetzen, die die Mutter der Vermissten sich an die Innenseite des Pullovers neben die Photographie ihrer Tochter nähte, die sie wie einst die Soldatenmütter auf der Höhe des gebrochenen Herzens trug. Wenn sie sich bewegte, den Arm hob oder sich an die Wand lehnte, raschelte die Hoffnung zwischen dem dunklen Stoff und über den Rippen, die sich durch die Haut drückten.

August blickte die Mutter der Verschwundenen mit einem Schmerz und einer Zärtlichkeit an, dass der Bub sich beinahe schämte, ihr gegenüberzustehen, auch weil er fühlte, der Falsche zu sein. Weißt du, sagte sie zu Lilly Drach und legte August dabei die Hand unangenehm lang auf den Kopf, manchmal möchte ich mein Leben rückwärtsleben. Rückwärtsgehen, rückwärtsbeten, in der Zeit zurückreisen. Bis zu der Stunde, in der sie verschwunden ist. Aber es geht nicht. Oder ich mache es falsch, murmelte sie, ich erinnere mich nicht gut genug: Ich komme nur vorwärts, nie zurück.

Und wirklich versuchte sie an Tagen größter Verzweiflung eine Schneise durch die Zeit zu finden, einen Weg zurück durch die Uhr, ging für Stunden rückwärts durch das Haus und den Garten, setzte einen Fuß hinter den anderen, lief verkehrt herum die Straße entlang, bis zu dem Geschäft, in dem sie Augenblicke vor dem Verschwinden des Kindes noch Brot und Salz eingekauft hatte. Die Menschen gewöhnten sich an den Anblick der verbissenen, ungelenken Figur, die sich mit ausgebreiteten Armen, ohne einen Blick über die Schulter zu werfen, abmühte, über den Schotterweg in die Vergangenheit zu stolpern. Sie grüßten, als bemerkten sie nicht, dass sie rückwärtslief, sprachen über das Wetter, wünschten alles Gute und gingen ihrer Wege, nur die Kinder des Ortes ahmten sie nach, lachten und folgten ihr im Rückwärtsschritt. Auch August kopierte ihre Bewegungen, aber im Gegensatz zu den anderen lachte er nicht, aber hoffte selbst auf Erfolg. Sie ließ sich nicht irritieren von den Nachäffern, die Trauer hatte ihr jede Hemmung, jede Scham genommen, aber es nützte nichts, keine Sekunde trotzte sie dem Universum ab, Mal für Mal sah August sie dastehen, wie sie auf die Uhr blickte und nicht weniger, aber noch mehr Zeit vergangen war seit dem Moment, als sie ihr Kind das letzte Mal gesehen hatte.

Lilly Drach ließ sich anstecken von der Verzweiflung, als wollte sie ein Teil davon sein. Manchmal beobachtete August, wie die beiden Frauen im leeren Garten unterm Apfelbaum Hand in Hand beteten, sie riefen den heiligen Antonius an, den Schutzpatron für Verlorenes, baten um die Rückkehr des Mädchens, wie man sonst um einen verschwundenen Schlüssel, ein verlegtes Hemd, eine nicht auffindbare Uhr bat. Sie verhandelten mit dem Heiligen, machten ihm Angebote zum Tausch, stellten ihre Seele als Gegenleistung zur Verfügung, schlugen vor, die Krankheit eines Fremden auf sich zu nehmen, boten auch den Ehemann als Wechselgabe an, bis dieser um die Ecke kam und die Mutter rasch mit August nach Hause lief, um den Vorwürfen zu entkommen, sie, Lilly Drach, würde seiner Frau bloß schaden mit ihrer falschen Hoffnung. Auf dem Heimweg beneidete sie das Ehepaar um die Aufmerksamkeit, die ihm zuteilwurde, um die Größe des Unglücks, das niemand verleugnen konnte, darum, dass jeder die Traurigkeit sah und anerkannte, weil sie unabweisbar war. Fast kam sie sich schäbig vor bei diesen Gedanken, und ihr eigenes Leid erschien ihr unecht und zu klein, als hätte sie verloren im großen Unglücksspiel der Welt, in dem man das eigene Schicksal gegen das der anderen abwog. Dann drückte sie Augusts Hand und ging schneller, so dass das Kind kaum hinterherkam.

Weil es nichts gibt, woran der Mensch sich nicht gewöhnt, lebte das Dorf fortan mit einem Loch und die Drachs weiter in ihrem schiefen Haus, eine Frau hinter Vorhängen, ein Kind mit einer Krankheit wie ein Fragezeichen. Lilly Drach war zufrieden. Sie behandelte das Kind, wie auch sie als Mädchen gern behandelt worden wäre. Sie sah sich von außen, bis zu den Haarspitzen erfüllt von der Idee, die Mutter zu sein, die sie sich stets für sich selbst gewünscht hatte, eine übergroße, beschützende, rettende. Bin ich eine gute Mutter, fragte sie August abends am Bettrand sitzend, nachdem sie seinen von bitterem Schweiß überzogenen Körper gewaschen und sein blasses Gesicht gestreichelt und ihm die immer gleichen Geschichten aus dem Märchenbuch unter der Matratze vorgelesen hatte. Der sah sie bloß an, kannte die Antwort nicht, fühlte eine merkwürdige Dankbarkeit, dass ein Mensch sich seiner so annahm, wusste nicht, ob er es verdient hatte, und war bei alledem ein bisschen traurig für sich, aber glücklich für die Mutter. Morgen früh geht's dir besser, sagte die Mutter, und sooft sie sonst in ihrem Leben mit den Horoskopen und Prophezeiungen und Wünschen fehlgegangen war, mit der Voraussage zum Befinden ihres Sohnes lag sie stets richtig.

III

Die erste Geschichte, die der große Otto August im nächsten Sommer erzählte, als sie nach vielen Fahrtstunden an der Küste angekommen waren, mit langen Beinen auf den harten Holzbänken saßen und über das Wasser sahen, war jene von der verlorenen Brille. Denn wann immer Otto Ziedrich mit den Augen über die Weite fuhr, dachte er an den Tag zurück, an dem der Tochter von Freunden der Familie, einer komplizierten Person aus komplizierten Verhältnissen mit starken Seheinschränkungen, ihre Brille weit draußen aus dem Gesicht ins Meer gefallen war. Halb blind schwamm sie an den Strand zurück, weinte bitterlich und beschrieb den Ort des Verlustes mit *da draußen* und einer Handbewegung, die nicht weniger als die ganze Unendlichkeit vermaß. Schon damals übergewichtig, gleichgültig gegenüber schlechten Nachrichten und mit dem Gefühl der eigenen und fremden Aussichtslosigkeit machte sich Otto auf den Weg ins Wasser, kraulte hinaus, tauchte aus Pflichtbewusstsein an einer zufälligen Stelle unter – und mit der Brille in der Hand wieder auf.

Noch all die Jahre später war er fassungslos über das Glück des Findens, fühlte sich erhoben vom Sieg über die Wahrscheinlichkeit, wann immer er davon erzählte. Prost, sagte er jetzt, Prost, trank Bier aus einem Wein- und Limonenlikör aus einem Wasserglas, bot auch der Mutter einen an und schlug dem müden August mit der Hand auf die Schulter.

Das Haus lag über dem Wasser, am Ende einer Treppe so steil, dass, wer stürzte, die Stufen wie ein Stein ins Meer hinabfiel. Es war ein melancholisches Anwesen, ein heruntergekommener Palast des Sommers. Der Himmel war voller Schwalben, Doppeldeckerschirme mit Fransen und Rüschen, rot und weiß, ausgebleicht von der Sonne, warfen Schatten zwischen den Tontöpfen der Agaven, Palmlilien und Zitronenbäume. Kakteen reckten sich in die warme Luft. In den durchhängenden Stoffbahnen der Liegestühle sammelte sich Sand und Staub. Ein Licht herrschte, als hätte man mit einem Mal andere Augen. Es roch krautig, nach heißem Stein und Salz, süß, wenn der Wind vom Land her kam. Die Zikaden geigten, waren ein Geisterorchester in den Bäumen und Büschen, das sich nur enttarnte, wenn eine der Zirpen August reglos vor die nackten Füße fiel.

Zögerlich war die Mutter der Einladung gefolgt, ein paar Wochen auf dem Familienanwesen des Arztes zu verbringen, dem Sommerhaus im Süden, das sein Vater nach dem Krieg für wenig Geld erworben und seinem Sohn nach einem langen Leben und einem langwierigen Sterben vermacht hatte. Die fette Meeresluft würde dem kranken Kind guttun, hatte er ihr versprochen, und auch sie könnte sich erholen an dem schönen Ort, der ihrem Glashaus ähnelte. Kaum angekommen aber, war sie nervös, rastlos und reizbar, lief auf und ab, strich August noch öfter als sonst über den Kopf, saß mit spitzem Gesicht zwischen den Zitronenbäumen, so dass Otto Ziedrich erst dachte, die bloße Schönheit des Ortes überwältige sie, dann, er habe etwas falsch gemacht, das nicht mehr umkehrbar war. Ihr Körper schien verkrampft, verbogen von der inneren Spannung, die Wirbelsäule nach hinten gewölbt, das Kinn gereckt. Nichts konnte sie beruhigen, mit den Fingerspitzen hielt sie sich an den Kniescheiben ihrer angezogenen Beine fest oder saß mit leeren Händen da, mit denen sie sonst so oft fahrig in der Dunkelheit ihrer Handtasche gekramt hatte. Die nämlich hatte sie nicht lange zuvor an einer Raststation vergessen, sie in einem unachtsamen Augenblick neben dem Waschbecken der Damentoilette liegen gelassen, und obschon Otto Ziedrich auf ihr Bitten in höchster Eile zurückgefahren war, war der kleine Lederrucksack bereits verschwunden, als sie den grell beleuchteten Raum keine Stunde später absuchten. Hatte Lilly Drach für das spärlich gefüllte Portemonnaie, die Lippenstifte und Handcremetuben auch kaum einen Gedanken übrig, so dachte sie mit höchster Erregung an jene Zuckerdose aus dem obersten Fach des Küchenschranks, die zwischen den anderen Gegenständen bei jedem Schritt geklimpert hatte.

Ottos Trost, dass Augusts Tabletten doch nur Stärkungsmittelchen seien, ungefährlich abzusetzen, wies die weinende Frau zurück, wie sie ihr Leben lang auch jeden anderen Trost abgelehnt hatte, den ihr die Welt von Zeit zu Zeit angeboten hatte. Lilly, rief der dicke Mann immer wieder, Lilly, während er sich zu ihr hinabbeugte, als fiele ihm nicht mehr ein als ihr Name, als wäre es das eine Wort, das von allen Wörtern, die er kannte, übrig geblieben war, aber es half nichts. Sie stieß ihn weg, ließ ihn allein, schloss sich mit August in einem der Schlafzimmer ein und dämmerte in der ungelüfteten Bettwäsche in die Nacht hinein, ohne auch nur einen Blick auf das

Meer unter dem Fenster zu werfen. Sie fiel in einen großen, heißen Schlaf, einen jener Art, während dessen man sich sein halbes Körpergewicht vom Leib schwitzt und nass und magerer als am Abend zuvor in der Früh aufwacht, das Haar am Schädelknochen festgeklebt.

Der Zurückgestoßene aber, der gerade noch auf das Glück des Findens getrunken hatte, starrte auf das dunkelnde Wasser, die Hände wie zum Gebet gefaltet, so fest, dass sie schmerzten. Das Meer hatte kein Ohr für sein Unglück, erzählte nur rauschend von sich selbst. Im Laufe seines Lebens hatte Otto Ziedrich viele verschiedene Arten von Einsamkeit erlebt. Hier ein Elend, dort ein Glück, die ihn, war das eine oder das andere vorbei, allein zurückließen. In seinen Dorfjugendjahren entdeckte er früh die Abwesenheit von Gott, von dem man ihm zu Hause so viel erzählt, zu dem er so viel gebetet hatte, aber der, als er ihn brauchte und anrief, nicht da war. Die jähe Verlassenheit lehrte ihn nichts, und als der Vater sagte, er brauche kein eigenes Leben, er könne gleich seines nehmen, er würde Arzt werden, wie alle in der Familie vor ihm Arzt geworden waren, fiel ihm kein Einwand ein, er dachte bloß an jene zwei Klassenkameraden, die die Hand gehoben hatten, als man sie alle am Ende des letzten Schuljahres gefragt hatte, wer Tiere mag, und ihnen gesagt hatte: Du wirst Metzger. An der Universität in der Stadt fand er bald einen Stellvertreterglauben, einen, der ihn ebenso erfüllte, wie er ihn enttäuschte, denn er glaubte fortan an Frauen und ans Essen und das wirre Heilsversprechen, das mit beidem kam. Das erste Mädchen, das Otto Ziedrich nackt sah, war wie eine Marienerscheinung, die ihn sprachlos und verrückt machte mit ihrer ihn zermarternden Schönheit und von der er nicht verstand, ob er vor ihr knien sollte oder sie vor ihm. Nur dass er wollte, dass sie immer wiederkehrte und ihn nicht verließ, wusste er und ahnte schon, dass es eine vergebliche Hoffnung war. Die Frauen kamen und verschwanden während der Studienjahre, er folgte ihnen zum falschen Zeitpunkt oder lief zum richtigen davon. Ratlos wurde er und dick und erkannte über die Jahre hinweg, dass die Einsamkeit umso schlimmer war, wenn ihr ein großes Glück vorausging, eine Nähe, die einen vergessen ließ, dass es auch anders sein konnte. Als er aus der Stadt zurückkehrte, um die Ordination des Vaters zu übernehmen, kam er als Einsamer wieder, als Junggeselle, dem der Ruf des Enttäuschten anhing, aber weil man sich im Dorf mit Enttäuschungen auskannte, fand er sich ein zwischen die Menschen, als wäre er kaum weggewesen.

In den Tagen nach Lilly Drachs großem Schlaf taten alle, was sie am besten konnten, sie taten, als wäre nichts geschehen, als hätte es keine Abweichung, keine Verstörung gegeben. Die Schönheit des Ortes rahmte die Erzählung, der fette Sommer, das orgelnde Meer, die Zitronenhaine zwischen Fels und Wasser. Lilly Drach beruhigte sich mit ein paar Päckchen Aspirin, die sie in einer Schublade der Küche gefunden hatte und die sie August morgens zusammen mit ein wenig Erde löffelweise in den Tee rührte, während auf der Herdplatte der bittere Kaffee in der Espressokanne zischte. Der spürte weder das harmlose Medikament noch den Staub, von dem die Mutter hoffte, er würde ihm Übelkeit verursachen, aber erwachte in diesem Haus am Meer bald wie aus einem eigenen großen Schlaf, verbrachte das erste Mal seit einem Jahr, seit dem Ende jenes Sommers, in dem der Vater verschwunden war, eine Reihe von Tagen ohne Schwindel und Schmerz, und seine Mutter wollte es kaum glauben. Es ist ein Wunder, sagte der Arzt mit einer gelassenen, großen Fröhlichkeit, dem Bub geht es von Tag zu Tag besser. Jetzt wird alles gut. Er rühmte die Sonne und die Luft und den Süden, und als Lilly Drach ihrem Sohn dennoch verbieten wollte, im Meer zu schwimmen, wies er sie zurecht, lachte und pries auch das Salzwasser als medizinisches Zaubermittel, auf das man in keinem Fall verzichten dürfe.

Es war eine neue Gesetzlichkeit, die Besitz von der kleinen Schicksalsgemeinschaft ergriff. Ein jeder fiel aus der Rolle, die er so lange innegehabt hatte, stürzte aus sich selbst heraus, der Kranke wurde zum Gesunden, der Arzt zum Freund, die Sorgende zur vermeintlich Unbesorgten. August war skeptisch. Er besah seinen Körper, als wäre ihm jeder Teil, der nicht schmerzte, neu, und obwohl er darauf wartete, dass der Leib ihn wieder im Stich ließ, wurde dieser mit jedem Tag verlässlicher. Im Standspiegel des Schlafzimmers betrachtete er seine funktionierenden Arme und Beine, die aufgehört hatten zu brennen, spürte, dass die Organe nicht mehr schwer und nass in seinem Inneren hingen, fühlte seinen gesenkten Kopf zum Himmel steigen, so leicht war er ihm mit einem Mal. Er zog mit den Fingern die Wangen auseinander, damit er sein Zahnfleisch sah, und stand so nah am Glas, dass es beschlug, als er die Zunge rot herausstreckte, um sich selbst in den Rachen zu blicken. Es war, als überprüfte er sich, suchte nach einem Fehler, einem

Schaden und beargwöhnte sein Befinden, als er keinen fand. Mama, ich bin gesund, sagte er schließlich ein paar Tage später am Frühstückstisch in der Sonne, zögerlich, weil er sich nicht sicher war, ob es denn eine gute Nachricht war. Auch Lilly Drach zögerte, versuchte, nicht aufzufallen, war hin- und hergerissen zwischen der alten Macht und der neuen Ohnmacht und der Erwartung des Mannes an ihrer Seite, der glaubte, mit der Genesung ihres Kindes hätte sich ihr größter Wunsch erfüllt. Sie hatte Mühe, Freude über die Besserung vorzuspielen, fand zahllose Gründe, warum sie tückisch, falsch, nur vorübergehend wäre, und schloss ihre kleinen Brandreden stets damit, dass man sich auf ein gutes Ende nie verlassen dürfe. Wie zum Schutz setzte sie ein Lachen auf, während ihr August entglitt, ihr seine Krankheit aus den Händen rutschte, griff ein paarmal noch nach ihm, wollte aus Vorsicht dieses und jenes verbieten, aber Otto Ziedrich hielt sie zurück, pochte auf seine Expertise als Mediziner, beschwingt von der Liebe, beglückt von der Heilung, die er der Luft und dem Meer zuschrieb. Ohne es zu wissen, zwang er die Mutter in eine Normalität hinein, von der sie sich schon lange entfernt hatte. Plötzlich war sie eine Puppenspielerin, von deren Fäden ein echter Mensch davonlief.

So geisterte sie um August herum, wusste nicht, wie sie einem Kind, dem es gutging, auch eine gute Mutter sein sollte. Sie versuchte es mit kleinen Vergiftungen, winzigen Akten der Sabotage, die sie hinter dem Zufall oder der eigenen Ungeschicklichkeit verstecken konnte. Sie probierte es mit Erde, aber auch mit dem Schimmel aus dem feuchten Mauerwerk des Badezimmers, mit

Asbest, den sie von den Blumentrögen im Garten kratzte und in Augusts schwarzem Tee auflöste. Sie sammelte Blätter von Pflanzen, die sie nicht kannte, wählte jene, die ihr am bedrohlichsten erschienen, zerrieb sie zwischen Steinen und hoffte, sie trügen etwas in sich, das ein Unwohlsein, eine Krankheit oder wenigstens eine kleine Krise bewirken würde. Aber es half nichts, die Interventionen misslangen, ihre Macht war außer Kraft gesetzt, und nur einmal übergab sich August hinter dem Haus, ängstlich darauf achtend, seine Übelkeit vor den Erwachsenen zu verbergen. Sie stieß ihn auf der Treppe hinunter zum Meer, damit er sich wenigstens das Bein bräche, aber er fiel nicht, sie drückte ihm nachts ein Kissen ins Gesicht, aber er erwachte und starrte sie wirr an, als sie raunte, sie habe ihn nur anständig zudecken wollen. Die Wirklichkeit entzog sich ihr. Sie lebte in der eigenen Schädelkapsel, spann sich ein in fixe Ideen, saß unter den weiß-roten Streifen des Sonnenschirms oder lag nackt auf den Steinen am Wasser, und hätte sie einen gläsernen Kopf gehabt, wären die anderen Zeuge davon geworden, wie in ihren Gedanken ihr Kind beinahe ertrank, wie sie sich vorstellte, dass sie es rettete, sich über den nassen Körper beugte, ihm Atem einhauchte, als wäre er noch aus Lehm, und wie der Mann an ihrer Seite sie wieder bewunderte für ihre aufopferungsvolle Mütterlichkeit, ihre Mutterinstinkte, ihre Ruhe im Sturm.

Die anderen bemerkten nichts von den kleinen Anschlägen und den dunklen Gedanken, die Lilly Drach zur Heldin machten. Sie verbrachten faule Tage im bröckelnden Glamour des altmodischen Hauses, lagerten unter den Schirmen, sonnten sich auf den Felsen am

Ende der Treppe, schliefen auf dem groben Beton ein, den man als Liegesteg zwischen die Steine gegossen hatte und der tiefe Abdrücke in der Haut hinterließ. August schwamm mit Rigatoni, dem Dackel, und ließ sich von der Sonne neben dem nassen Hund trocknen, so dass sein Kinderkörper abends mit dunklen Tierhaaren überzogen war. Er verschränkte die Arme hinter dem Kopf, blinzelte träge in den Sommerhimmel, der über ihm auf- und zuging, sich mit jedem Wimpernschlag öffnete und schloss. Lilly Drach hüllte sich in Badekleider und alte Seidentücher, die sie im Nacken verknotet zu runden Sonnenbrillen trug. Otto Ziedrich lag wie tot in der Sonne, das Fleisch sank um ihn herum auf das Handtuch, und August konnte Stunden damit zubringen, den gigantischen Körper zu beobachten, die dunklen Brustwarzen, groß wie die Untersetzer von Mokkatassen, die längs verlaufenden Dehnungsstreifen am Bauch und auf den Schenkeln des Mannes, die erhabenen Muttermale, die in der Hitze trocken wurden und sich schälten. Er betrachtete das Heben und Senken des Brutkorbes. Er starrte auf die Augenlider, rot vom Sonnenbrand, die kurzen Zehen und die langen Nägel, die aus ihnen wuchsen, weil ihr Träger sich nicht zu ihnen hinunterzubücken vermochte. Jeder Blick und jedes Aushalten des Blickes machten August und Otto einander vertraut. Die fremde Schutzlosigkeit schien das Kind zu beschützen. Mit der Gewöhnung an die Formen des Körpers gewöhnte er sich auch an die Formen der Anwesenheit des ganzen Menschen und an seine Nähe, von der keine Gefahr auszugehen schien. Bloß dass seine Mutter nicht verloren ging in der Masse des Fleisches, wunderte ihn, aber rasch gewann er den Mann lieb, der mit einem Mal nicht mehr nur sein Arzt war, aber eine Gestalt seines Lebens, eine, die nicht nur um die Gunst der Mutter, aber auch um seine buhlte, ihm gute Schuhe kaufte, ihm das Fischen beibrachte und einen Schluck Zitronenlikör zum Probieren gab, eine, die ihn gern hatte, eine, die ihn für gesund erklärte, eine, die ihm Rettung angedeihen ließ. So näherten sie sich an wie scheue Tiere, beobachteten den jeweils anderen, wann immer der es nicht zu bemerken schien. Keine sichtbaren Gesten, aber die Unaufdringlichkeit und die Vorsicht, die sie gegenüber dem anderen walten ließen, verbanden sie. Nur einmal wagte sich August vor, überwand die letzte Distanz und legte leise dem in der Sonne Schlafenden Steine, die er gesammelt hatte, auf die Brust, die wieder herunterrutschten, als er sich aufrichtete, ohne die kleine Last bemerkt zu haben.

Manches Mal verließen sie das Haus, machten Ausflüge an den nahe gelegenen Sandstrand oder zu den in die Landschaft geklebten Dörfern mit Gassen so eng, dass kein Sonnenstrahl in sie fand. August mochte das Milcheis, das man ihm in die Hand drückte, die Zimmerpflanzen vor den Türen der Häuser, das Gewinke der Hemden im Wind an den Wäscheleinen, die Hosen mit dicken Beinen aus Luft bei jeder Böe, die alle in die gleiche Richtung wehte. Die Katzen auf den Mauervorsprüngen, die sich streicheln ließen, ohne davonzugehen. Das schwere, blaue Meer, in dessen Brandung die Schritte verschwanden. Er staunte, wie schön die Welt sein konnte. Sie spazierten umher, als wären sie eine Familie, und viele hier kannten den Arzt seit Kindertagen, wechselten ein paar

Worte mit ihm und bewunderten die Frau an seiner Seite, die im schönsten Kleid neben ihm stand, beglückwünschten ihn zu dem prächtigen Buben, der vorneweg lief.

Sie besuchten all jene Orte, an denen Otto Ziedrich von klein auf seine Sommer verbracht hatte, und alles war so hübsch, dass auch die Mutter mitunter ihre Zerrissenheit vergaß und betört war von der Art Schönheit, von der sie ihr Leben lang gedacht hatte, nichts anderes zu verdienen. Der dicke Mann behandelte sie wie eine Prinzessin, sah in ihr, was keiner je gesehen hatte, erfüllte ihr den uralten Wunsch, als etwas und jemand erkannt zu werden, der man auch beim besten Willen nicht war. Ihr Dasein schien ihr jetzt groß, wichtig, als wäre sie endlich bei den Blumen, den Männern, dem Meer angekommen, und sie empfand eine Sinnhaftigkeit ihrer Existenz, die entsteht, wenn mitten im Universum ein anderer in der Liebe sein ganzes Leben an einen richtet. Bloß die Zuneigung des Arztes zu August, die Begeisterung für seine wundersame Genesung schien ihr ein kleiner Verrat zu sein, als wäre die Liebe zu dem Kind ein Dorn in der Liebe zu ihr.

Eine Kirche lag direkt am Wasser, am Rande eines kleinen Hafens, war auf den Felsen gebaut, der bald hinter der äußersten Mauer zu immer kleiner werdenden Kieseln zerfiel. Durch die hohen, milchigen Fenster des Gotteshauses sah man hinaus aufs Meer, auf die nur wenige Meter entfernt in Badehosen spielenden Kinder am Strand, die sich im Wind drehenden Sonnenschirme, auf die runden Hüte der Sonnenbadenden, die bloßen Brüste der Frauen. Wenn zu viele ohne Oberteil schwammen, kam es vor, dass die Alten den großen Jesus am Kreuz mit Leintüchern verhüllten, wie sie es ansonsten in der Fastenzeit bis zum Karfreitag taten. So schlief der Heiland hier nicht nur an den Tagen vor Ostern mit ausgebreiteten Armen blind unter den Laken, aber verträumte auch ganze Sommer zwischen den Heiligen auf den bunten Fenstern hoch oben im Kirchschiff am Meer. Keiner der drei betete, als sie im Gotteshaus standen, aber Otto Ziedrich kühlte seine geschwollenen Hände im Weihwasser und ärgerte sich, dass man dem Gekreuzigten die Augen verbunden hatte. Gern hätte er gewusst, ob man wohl ihn vor der Schönheit oder die Schönheit vor ihm beschützen wollte. Ich liebe dich, flüsterte er Lilly rasch ins Ohr, die die Zauberformel erst nach einigen Wiederholungen verstand, und beinahe hätte sie Amen dazu gesagt, besann sich aber im letzten Augenblick, hob den Kopf, strahlte und antwortete stattdessen: Danke. Als sie schon auf dem Weg hinaus waren, verzieh der Arzt im letzten Augenblick seinem lang verlorenen Gott, lief zurück und zündete zwei Kerzen an, eine für Augusts Genesung und eine für sich selbst, vor dem Strandpanorama der Sonnenbadenden.

Steil stiegen sie dann durch Zitronenhaine zum Friedhof über der Kirche hinauf, auf dem der große Otto als Kind zwischen anderen Kindern mit bloßem Oberkörper, sehnigen Beinen und muskulösem, unkindlichem Bauch durch die Gässchen zwischen den Gräbern getobt war. Nur wenige lagen hier in der Erde. Die Mehrzahl der Toten hatte ihr Bett in riesigen Schränken aus Stein, schlief dort in Schubladen, über- und nebeneinander angeordnet und sorgfältig beschriftet, damit man nicht durcheinanderkam. Es war ein Setzkasten für die Ewigkeit. In manchen der unverschlossenen Grabkammern lagerten nun Gartenwerkzeuge, Grasrechen und langstielige Spaten. In Ottos Kindheit turnten die Buben und Mädchen auf den Leitern, auf die man stieg, um noch das höchste Fach zu erreichen, hingen kopfüber an den Sprossen, vollführten Zirkuskunststücke am brüchigen Holz, kletterten auf die schiefen Olivenbäume, stiegen auf die Dächer der kleinen Mausoleen, die neben den steinernen Schränken standen, und ließen die Beine von den Kuppeln baumeln. Sie lachten. Sie rannten. Sie saßen auf den Raubvogelflügeln eines steinernen Engels, der auf der obersten Stufe einer Treppe stand und hinabsah, als hielte er zwischen den atemlos Heraufsteigenden Ausschau nach einem, auf den er sich stürzen könnte, um ihn durch die Luft in den Himmel zu tragen. Sie vertauschten die Plastikblumen, die unechten Rosen und Dahlien, die aus den mit der Grabplatte verschraubten Gefäßen wuchsen, so dass in jedem die falsche Erinnerung steckte und die Gedenkenden ein ums andere Mal an ihrem Gedächtnis zweifelten, wenn sie ihre Verstorbenen besuchten, und sich fragten, ob sie für ihren Vater nicht einen Strauß weißer Lilien, die er gemocht hatte, ausgesucht hatten, während ihm nun verbogene Tulpen, die er nie hatte leiden können, Gesellschaft leisteten.

August mochte den Ort und seine Geschichten, strich neugierig umher, pflückte Zitronen, die seine Hosentaschen ausbeulten, und sah hinab aufs Meer, während Lilly Drach eine unruhige Friedhofsgängerin war, vertraut mit der Kranken-, aber ungeübt in der Totenwelt, verwirrt von all den fremden Namen und Schicksalen, die sich schon erfüllt hatten. Noch nie war sie auf einem Begräbnis gewesen, war selbst jenem ihrer Mutter trotzig ferngeblieben und hatte einen guten Grund gehabt, an dem ihres Vaters nicht teilzunehmen, da der Aberglaube im Dorf es schwangeren Frauen verbot, damit die Verstorbenen das ungeborene Leben nicht mit sich in die Erde rissen. Otto Ziedrich trug Lillys Ledersandalen in der Hand, die sie ausgezogen hatte, damit die Trichterabsätze nicht in den Ritzen zwischen den Pflastersteinen versanken, wischte sich den Schweiß mit einem feuchten Sacktuch ab, flanierte über die Spielplätze seiner Jugendtage und blieb vor jenem Grabstein, den er stets am liebsten gemocht hatte, stehen. Freudig zeigte er auf das Trikot in den Farben eines italienischen Fußballvereins neben dem Photo eines dicken Mannes im Anzug, der in einer übergroßen Pfanne rührte, und auf die Vase, in der statt Blumen Zigaretten und Zigarren steckten, die die Angehörigen noch so lange nach seinem Tod ihm zu Ehren rauchten auf dem Friedhof. Schau, sagte er zu August, so ein Leben! Und erzählte, wie er früher mit den anderen Kindern in den leeren Grabkammern der steinernen Kästen gesessen war, wie sie in den obersten gekrümmt gehockt waren unter der niedrigen Decke wie in Nestern, in den Ecken Vorräte von Süßigkeiten anlegten und Amarettini und Zuckerschlangen aßen zwischen den Toten. Wie sie einander Gespenstergeschichten zuflüsterten. Wie sie Gänsehaut bekamen, wenn sie auf die Statue der Heiligen Jungfrau blickten, die ihren Darm und ihr Herz, die sie sich aus dem Inneren gerissen hatte, zum Himmel hochhielt. Wie sie sich als Mutprobe der

Länge nach hinlegten in der engen Kammer, die Augen schlossen, den Atem anhielten und den Tod spielten, so lange, bis sie sich vor sich selbst fürchteten. Wie Otto Ziedrichs bester Freund sich das Bein brach eines Sommers, als er in größter Angst zu Boden sprang, weil er dachte, er sei tatsächlich gestorben im Spiel. Lilly Drach schauderte es, aber August konnte nicht anders, als es den Kindern in der Geschichte gleichzutun, in eins der leeren Gräber zu klettern und diesen stillen Tod, dem er – so fühlte er es – so lange näher als dem Leben gewesen war, auszuprobieren, während seine Mutter unter ihm nervös seinen Namen rief. Aber keine Furcht ergriff ihn, bloß ein Gefühl radikaler Lebendigkeit fuhr ihm durch die Knochen, ins Hirn, unter die Haut, dass er glaubte, es auch noch im Stoff seines Unterhemdes zu spüren, außerhalb seiner selbst. Jetzt, dachte er, jetzt. Und: endlich.

So verging die Zeit und mit ihr eine ganze Reihe langer, heller Tage. Abends aßen sie im Garten unter den aufgespannten Sonnenschirmen, als müsse man sich nicht nur vor dem Licht, aber auch vor der Dunkelheit schützen. Die Mücken stiegen aus den Gräsern. Die Schwalben stürzten durch die Luft und saßen auf den die Mauer entlanggeleiteten Stromleitungen. Der große Otto kochte, füllte Tag für Tag die Teller und Platten mit weißem Brot und Kapern, mit Tomaten, die, in der Mitte aufgeschnitten, aussahen wie halbe Herzen, stellte Schüsseln voll Pasta mit geriebener Zitronenschale auf den Tisch, geschmorte Melanzani, Fisch, den er im alten Waschbecken ausgenommen hatte, während August ihm zusah, wie er vorsichtig die kleinen Organe aus dem Bauchraum der

Tiere hob. Er sang zu Fabrizio De André, summte den Text von *Hotel Supramonte* und *Una storia sbagliata*. Auf der Terrasse prangten die Zitronen in den Bäumen, in der Küche lagen sie gelb und schwer wie Gewichte in den Schalen einer Apothekerwaage, leuchteten auf dem angelaufenen Messing, dufteten, wenn das Kind den Fingernagel hineinstach.

Wenn die letzte Speise aufgetragen war, saß der Arzt schwitzend vor dem Haus, mit fettglänzenden Fingern voll kleiner Schnitte und Verbrennungen, den Narben aller vorangegangener Gerichte, rauchte eine Zigarette, schlug sich ein hartgekochtes Ei auf dem Kopf auf und aß es mit Salz zu einem Glas Bier, bevor er zum Essen rief. Jedes Mahl war ein Festmahl, und August schlug sich stets den Bauch voll, obwohl die Mutter prophezeite, er würde das Fett und die Zitronen nicht vertragen, auf den Fisch sei er allergisch und der Rosmarin verbrenne ihm gewiss die empfindlichen Gedärme. Hilfesuchend sah er dann zum großen Otto. Der zwinkerte ihm bloß verschwörerisch zu und schenkte der aufgeregten Frau ein, als wollte er sie mit Wein und Zitronenlikör beruhigen, ihre Unruhe mit Alkohol betäuben.

Der schlimmste Augenblick jedes Sommers ist sein Ende. Während sie sonnenverbrannt aus dem Süden ins Dorf zurückkehrten, verschwanden die ersten Vögel schon, stiegen morgens zu Hunderten in die Luft und kamen nicht wieder. Als August und Lilly Drach mit den schweren Koffern durch die Haustür traten, war es bereits Herbst und die Äpfel im Garten gelb und rot geworden. Es fiel ihnen, die sie so satt und so hungrig vom Sommer waren, nicht leicht, sich in die schmäler werdenden Tage zu zwängen, im Haus inmitten der vielen Dinge Platz zu finden, sich wieder zwischen den staubigen Nierentischen und Acapulcostühlen, den Kupfertöpfen und Porzellanfiguren, dem Kram der Vergangenheit einzuordnen. Fast schien es, als wären das Haus und das Leben in ihm mit einem Mal zu klein geworden.

Es dauerte nicht lang, und der Sommer hörte auf zu wirken, und die Mutter stand wieder sorgenvoll im Apfelgarten zwischen den bei den Wilhelm-Tell-Spielen der Kinder angeschossenen Kronprinzen und Geflammten Kardinälen oder neben den neuen Zitronenbäumen und Kakteen im Glashaus, die sie im Kofferraum aus dem Süden mitgebacht hatten. Schwankend entglitten ihr die Tage schon wieder, sie langweilte sich, vermisste die Schönheit des Südens und ihren Arzt, der sich wieder um seine Patienten kümmerte, wurde heimgesucht von dunklen Träumen, in denen die Menschen durch Löcher aus der Welt verschwanden, und bald war es, als hätte es das gute Leben erst gar nicht gegeben. Die Tage und die Menschen hingen ihr wie Bleikugeln am Sprunggelenk, machten ihr jeden Schritt schwer, zogen sie in die Erde hinein. Die neue Normalität hielt nicht, löste sich in der alten Umgebung in kleinen Schritten auf, obwohl sie versuchte, an ihr festzuhalten.

Jeden Tag verschob sich etwas. Auch August verwandelte sich zurück, wie durch Zauberhand, erwachte mal mit einer Übelkeit, die er nicht verstecken konnte, mal mit einem Gesicht so weiß wie der Winter. Lilly Drach lief zu ihm, um ihre Hand auf seine Wange zu legen, und immer schien ihm, als käme sie aus einer großen Entfernung, wäre Kilometer durch das Haus gerannt, bevor sie ihn erreichte. Er wehrte sich, begehrte auf gegen die Müdigkeit, die ihn übermannte, fragte mit großen Augen den großen Otto, wie ihm geschehe, der ratlos nach Erklärungen suchte, überlegte, ob es das Wetter sein könnte, das seinen Zustand verschlechterte, vermutete, das etwas in der Luft liege, was ihm nicht bekomme, rätselte, ob es das Haus selbst sei, das den Buben so sehr an den Vater erinnerte, dass er krank wurde davon.

August stemmte sich gegen die Wirklichkeit, klammerte sich an das Leben des Sommers, das ihm gerade erst widerfahren war, und war nicht bereit, es loszulassen. Hinaus wollte er zu den Freunden, die ihn wiederaufgenommen hatten in ihre Bande, sobald er braungebrannt vor ihnen gestanden war, als wäre er nie krank und nie fort gewesen. Sie freuten sich, unverhohlen, wie Buben sich freuen, und verstanden die Welt nicht mehr, als er erneut verschwand, die Mutter ihnen wieder die Tür vor der Nase zuschlug und nur mitteilte, Augusts Zustand habe sich erneut verschlechtert. Im Kinderzimmer flehte er dann unter der Bettdecke seinen Körper an, ihn nicht im Stich zu lassen, bettelte seine Glieder an, sprach raunend und voller Verzweiflung mit ihnen, als wären sie selbstständige Lebewesen, bitte, lieber Fuß, sei gesund, bleib ruhig, Magen, tu nicht weh, lieber Kopf.

Er dachte ans Meer, an den Schwalbenflug, an das Wäscheleinentheater, in dem, angetrieben vom Wind, die Gewänder durch die Straße liefen, winkten, sich streckten, in sich zusammenfielen, ohne einen Menschen innendrin. Wenn er wegdämmerte, zwischen Schlaf und Wachheit pendelte, sah er die Zitronen vor sich, die wie Planeten in den Bäumen hingen. Die blaugestreiften

Schirme der Strandpromenade. Muschelschalen, die im Wasser dunkel waren und glänzend und getrocknet hell und stumpf. Melonen groß wie Hunde, so dass man sie auf der Schulter trug.

Er spürte das Fieber als Sommerhitze auf der Haut. Die Gespenster der fleckigen, unebenen Küchenwand besuchten ihn an langen schwarzen Stränden, und säulenhafte, nackte Frauen ohne Arme, aber mit großen Sonnenhüten wuchsen unter der Dunkelheit seiner Lider. Wie an einem Zuckerl lutschte er schläfrig an jenem Stein, den er am Tag ihrer Rückreise, kurz bevor sie aufbrachen, einer Eingebung folgend, am Strand aufgehoben und an sich genommen hatte, weil ihm gerade noch rechtzeig die Geschichte eines Klassenkameraden in den Sinn gekommen war. Der nämlich führte am Schulhof den Umstehenden hin und wieder lachend vor, wie ihm, als seine Familie einst vor einem Krieg geflüchtet war, seine Großmutter an der Landesgrenze einen Kieselstein vom Straßenrand in den Mund gesteckt hatte, *damit er dem Boden seiner Heimat verbunden blieb und in der Fremde nicht einsam sein würde,* und wie er ihn bei aller Aufregung beinahe verschluckt hätte. Dabei balancierte er stets ein Steinchen auf der herausgestreckten Zunge und gab vor, es zu verspeisen, so dass die Übermütigen ihn nur den Steinefresser riefen und die älteren Schüler ihm manches Mal den Mund zuhielten, damit er das Versprechen endlich einlöse.

Auch August glaubte, mit dem Geschmack von Eisen, Kalk und Kreide dem Sommer am Meer wieder näher zu kommen, und es fiel ihm nicht auf, dass es eine Verkehrung der Geschichte war, er sich nicht nach dem Zuhause, aber in die Ferne sehnte. Hatte er sich beruhigt, verbarg er den Stein in der Dose unter seinem Bett und ließ ihn zwischen seinen verlorenen Milchzähnen liegen, bis er den Geschmack des Südens in einem schlechten Augenblick wieder hervorholte.

Wenige Wochen nach ihrer Rückkehr aus dem Urlaub, an einem Abend, an dem Otto Ziedrich nach einem Flaschenöffner Ausschau hielt und suchend jede Schublade der Küchenkommode aufzog, fand er statt eines Korkenziehers den Grund für Augusts Krankheit. Ein Rezeptblock seiner eigenen Ordination mit Verschreibungen für starke Mittel gegen Migräne, die große Mengen Ergotamins – eines Mutterkorns, eines Pilzstoffs, den man einst in verunreinigtem Getreide entdeckt hatte – enthielten, lag in der Dunkelheit des mit buntem Plastik ausgekleideten Faches, notdürftig bedeckt von Spielkarten, alten Schlüsseln und Batterien. Zettel mit Unterschriften, die der seinen glichen, klebten an der Innenwand, Hunderte Male sah er sein Namenszeichen, das verlaufende Z so ähnlich jenem, das er Tag für Tag aufs Papier setzte, dass er kurz dachte, er hätte es selbst geschrieben.

Als Lilly Drach den dicken Mann zwischen den unterschiedlich weit herausgezogenen Schubladen fand, sah sie ihn nur an. Ob ihr Blick mehr hart oder mehr bittend gewesen war, vermochte er später nicht zu beschreiben, nur, dass er über die Liebe entschied. Und so sagte er nichts, presste die Lippen aufeinander, fiel erst in ein Schweigen und dann in ihre Arme, tat, was er immer tat, sprach über das Wetter, ging in die Ordination und beobachtete August, der wieder schwächer wurde, in den Körper des Kranken und zurück ins Bett sank, ohne ihm jemals wieder in die Augen zu schauen. Und wusste, auch wenn es nicht seine Signatur war, hatte er unterschrieben.

TEIL 2

IV

Jahre später war August Drach ein junger Mann, der seine Wut und die Gewissheit, jedem anderen auf der Welt unterlegen zu sein, hinter einem Lächeln verbarg, um das Vertrauen der Menschen, die ihn umgaben, nicht zu verlieren. Rabiat nannten die ihn augenzwinkernd, einen Irrweggänger, einen Holzwegläufer, einen Besessenen, der mit dem Kopf durch alle Wände wollte, oft gegen offene Türen rannte, sich noch am Nichts einen blauen Fleck holte und auch ohne ein Hindernis stürzte – so gewohnt war er sie aus früheren Tagen. Wollte er im Gespräch den Ernst einer Angelegenheit beglaubigen, schwor er, ohne zu zögern, beim Tod und dem Leben fremder Menschen, ohne je daran zu denken, dass er den Eid auch mit dem eigenen Dasein hätte bekräftigen können. Er schämte sich seiner schlechten Zähne, aber hatte leicht hervorstehende Augen, die den Frauen gefielen – während sie den einen krötenhaft erschienen, fanden die anderen sie tiefgründig. Je übler die Zeiten waren, desto öfter spielte er Lotto, denn er war überzeugt, wenn es nicht gut lief, hätte er bessere Chancen auf ein Ausgleichsglück des Universums.

Seit er in der Stadt lebte, wollte er reich werden, endlich das große Geld und das noch größere Glück machen, um jeden Preis Anspruch auf all jene Gefühle, die ihm so lange vorenthalten worden waren, erheben. Er wollte den Stammbaum fällen und sich auch von seiner Herkunft freikaufen, die ihm im Rückblick so armselig anmutete, dass er mitunter das Empfinden hatte, er käme nicht aus dem Dorf, aber aus dem Loch einer Geldtasche, gerade so, als wäre Armut ein Ort, aus dem man stammen konnte. Dann dachte er an das schmutzige Haus seiner Kindertage, das karge Essen und die vollmundigen Schläge und daran, wie der Vater den Hunden nachts im Suff *Was kostet die Welt – heute kaufen wir sie!* zugerufen hatte und den gleichgültigen Tieren mit bitterem Vergnügen die umgestülpten Hosentaschen, aus denen nur Stofffuseln fielen, zeigte.

August aber war es ernst mit dem Satz des Vaters, denn nicht weniger als die ganze Welt hatte er im Sinn, wenn er sich ans Wünschen machte. Das Herz platzte ihm beinahe aus dem Brustkorb, so stark pochte es, wenn er an eine Zukunft dachte, von der er hoffte, dass sie mit der Vergangenheit nichts zu tun hätte. Jahre hatte er verschlafen im Dämmerzustand seiner Kindheit und Jugend, immer geduckt, immer niedergedrückt, eingeschlossen in der hohlen Hand des Vaters, eingesperrt in eine Krankheit, die niemand heilen konnte, und nun gab es keine Zeit zu verlieren. Nun gab es nie wieder Zeit zu verlieren. Weder war er gut gekleidet, noch war seine Wohnung mit Geschmack eingerichtet, aber er trug, wie er es in Kindertagen gelernt hatte, Lederschuhe – damit man ihn kommen hörte. Er war bereit. Er wollte vorwärtskommen. Er wollte leben. Und wie eine Fürbitte dachte er dieses *Ich will* Tag für Tag, dachte es an einer unsichtbaren inneren Gebetsschnur entlang, die kein Ende hatte, die ihn ohne Unterlass zur Wiederholung dieses Wollens aufforderte, und hörte, solange er atmete, nicht mehr damit auf.

Den Ersten, denen er bei seiner Ankunft in der Stadt begegnete, waren aber die Toten, nicht die Lebenden. Es war ein merkwürdiger Empfang für einen, der mit dem Hunger nach dem ganzen schönen Leben ankam. Er sah es als einen weiteren Witz der Vorsehung, den er nicht verstand, obschon er Teil davon war. Denn kaum war er eingetroffen in seinem neuen Leben, war es notwendig, Geld zu verdienen, und schon am zweiten Tag in der Stadt nahm er eine Beschäftigung an, die ihm der große Otto vermittelt hatte und für die es weder Schulabschluss noch Ausbildung bedurfte. An einem Montag stellte er seine Reisetasche auf die Kochplatten der leeren Garçonnière, an einem Mittwoch putzte er bereits in den Kellern der Städtischen Gerichtsmedizin, wischte die Flure, die Obduktionsräume mit ihren Metallwannen, die Kühlkammer, die ihn in ihrer Setzkastenartigkeit an den italienischen Friedhof aus jenem Sommer erinnerte, in dem er seinem Leben beinahe entkommen wäre, und stand auf einen Besenstil gelehnt staunend neben den Bahren mit Toten, die noch nicht eingeordnet waren in die große Kälte. Die Lebenden fröstelten in den ungeheizten Räumlichkeiten, und es roch feucht, chemisch, süß, manchmal, als würde man auf ein Stück Metall beißen, so dass August durch den Mund atmete, auch wenn sich die Alteingesessenen der Reinigungskolonne unverzüglich über die Empfindlichkeit des jungen Mannes lustig machten. Mit einem schmalen Lachen der Erfahrung klopften sie dem Zurückzuckenden auf die Schulter, und August schlug die Augen nieder und las, was auf einem Plastikeimer zu seinen Füßen in sauberer Handschrift geschrieben stand: *Hirn, bitte nicht auf den Boden stellen.*

Der erste Tote, den er sah, hatte sich am Küchentisch geradezu exekutiert, war vor sich selbst als seinen Schöpfer getreten, hatte so hart gerichtet, dass man nicht anders konnte, als an seinen Unterarmen den übergroßen Wunsch nach der eigenen Abwesenheit zu erkennen. Es war ein alter Herr mit Großvatergesicht, der mit dem Messer unsauber eine ganz Handbreit Fleisch vom Körper abgehoben, sich die Pulsadern nicht nur auf-, aber beinah herausgeschnitten hatte, als wollte er mit aller Macht ein Massaker an sich selbst verüben, die Sehnen durchtrennen wie die letzten Fäden, die ihn mit der Welt verbanden. Dass er Rechtshänder gewesen war, glaubte August daran zu erkennen, dass das linke Handgelenk verstümmelter war als jenes auf der andren Seite. Anders als die übrigen Toten, die nackt lagen, als lösten sich im Augenblick des Todes ihre Jacken und Hosen auf, trug der Alte noch einen Wollpullover am ansonsten bloßen Leib, und August war froh darüber, denn ihm schien, gerade nach dem Sterben brauchte der Mensch dringender denn je etwas, das ihn schützte.

Noch viele Jahre später sollte er an diesen Mann denken, grübeln, was einem Menschen wohl widerfahren sein musste, dass er in der Lage war, sich so wütend und so schmerzhaft selbst zu töten. Überlegte, was er getan hatte oder was ihm geschehen war, wer ihm verloren gegangen oder was ihm zu nah gekommen war. Er dachte an den Mann als ein Rätsel aus Fleisch und Blut, in dessen Innerem ein unsichtbares Geheimnis verborgen war, das keine Leichenöffnung je zu Tage zu bringen vermochte. Und immer wünschte sich August Drach kindisch, der alte Herr hätte sich das Leben auf andere Weise genommen, milder gegen sich selbst, weniger brutal, und fragte sich, ob er gerettet gewesen wäre, wenn sich nur eine Kleinigkeit vor seinem Tod anders zugetragen hätte – ein Blick, der nicht ins Leere geht, ein Hund, der einem vor die Beine läuft –, denn er glaubte, seit er in der Stadt angekommen war, dass aus dem Zufall die größten Hoffnungen wuchsen.

Der zweite Tote war ein Mann, der eines Morgens zwischen einem Zug und einer Schachtmauer eingeklemmt worden war, nachdem er auf dem Bahnsteig angerempelt worden war und fiel, und dessen Unterarm sich in der Mitte falten ließ, als hätte er einen zweiten Ellbogen, gerade an jener Stelle, an der er eine kleine Tätowierung trug, ein ausgelagertes Herz, das wie das innwendige aufgehört hatte zu schlagen. Der Dritte war eine Frau mittleren Alters, die von ihrem Exmann, der wochenlang auf die richtige Gelegenheit gewartet hatte, auf dem Weg zur Arbeit erstochen worden war und über die der Pathologe sagte, sie wäre ein Glücksfall, denn am liebsten obduziere er schöne Frauen. Der vierte Tote war ein totgeschüttelter Säugling, ein leeres Menschlein mit geöffnetem Schädel, dessen Organe neben ihm auf dem Tisch lagen, während seine Ärmchen links und rechts an seinem Rumpf herunterhingen mit der Geste der allergrößten Vergeblichkeit, zu der ein Geschöpf nur fähig war. Danach hörte er auf zu zählen, denn ein totes Kind zu sehen und Stunden später ein schreiendes im Bus, machte ihn so krank im Magen, dass er sich, kaum war er ausgestiegen, mit saurem Mund auf den Gehsteig übergab.

Wann immer er die Verstorbenen genau anschaute, in den Spalt zwischen den Lidern spähte, in Augen sah, die sich weder vollständig schlossen noch jemals wieder öffneten, dachte er, dass Erlösung und Enttäuschung einander oft zum Verwechseln ähnlich sahen. Als er sich anfangs über die friedlichen Mienen wunderte, hatte ihm sein Kollege gesagt: Wie sollen sie denn sonst aussehen, es hält sie ja nichts mehr, vor allem keine Muskeln. August hatte beschämt genickt. Aber die Toten blieben ihm unheimlich. Ihre Anwesenheit und Abwesenheit unter den Planen und hinter den geschlossenen Türen machten ihn unruhig, und er verstand die nicht, die hin und wieder im Gärtchen direkt vor den Kellerfenstern der Prosektur nach Dienstschluss miteinander grillten, als gäbe es das Unglück der Sterblichkeit nicht. Er wäre nicht gemacht für den Tod, hieß es schnell im Institut, und bald sah er ein, dass sie recht hatten, und gab nach ein paar Wochen auf, nicht ohne daran zu denken, wie schade es war, dass die Kontakte des großen Otto nicht für einen lebendigeren Anfang in der Stadt gereicht hatten.

Von den Toten lernte er das Leben nicht, nicht einmal das Tot-Sein, nur, was er bereits wusste, nämlich, dass einem alles passieren konnte, der Mensch immer der Berührte, nie der Unberührte in der Welt war, dass sie ihn jederzeit anzufassen, anzugreifen, auseinanderzureißen vermochte. Hungrig wandte er sich nach der ersten Enttäuschung neuen Aufgaben und Bekanntschaften zu. August schlug sich durch, heuerte hier und dort an, kellnerte bald nachts in fensterlosen Kneipen, die man tags als solche nicht erkannte, und wurde mit der Zeit immer mehr Teil jener zweiten Welt, die sich hinter der ersten verbarg und die nur in der Dunkelheit sichtbar wurde. Anders als in jener der Toten war er dort gut aufgehoben. Mit den

Händen in den Hosentaschen wartete er jede Nacht zwischen den Lebenden, den Lauten, den Feiernden auf eine Gelegenheit, die auch für ihn die Dinge wenden, ihm das Glück herbeirufen würde. Er lauerte auf alle Möglichkeiten, nach denen ein junger Mensch Ausschau hielt: jemand zu werden, etwas zu haben, jemand zu sein. Die erlernte Distanz, die Handbreit Abstand, die er, wie einst als Kind, immer noch zur Welt hielt, zog die durch die Nacht Geisternden auf seltsame Weise an, denn niemandem erzählen die Menschen ihre Geheimnisse so gern wie den Unerreichbaren. Mit schwerer Zunge redeten Männer und Frauen an der Theke auf ihn ein. Die Offenbarungen schienen ihnen leichtzufallen. Wer nichts hat außer Zeit, die nicht vergeht, gibt sich bereitwillig selbst preis und seine Geheimnisse auf. Stets war er geduldig mit allen, als hörte er jede der sich mit wachsender Zahl gleichenden Geschichten zum ersten Mal. Er lauschte den Wohlhabenden und den Wichtigen genauso wie den Verrückten, den Waghalsigen, den Dünnhäutigen, den Süchtigen, die ein und aus gingen, und grüßte doch jeden mit dem gleichen gleichgültigen Gruß, der nie verriet, ob in ihm der Wunsch nach einem Wiedersehen angelegt war. Wenn die Menschen am Ende einer Nacht und eines Redeschwalls neugierig wurden, wem sie denn nun ihr Herz ausgeschüttet hatten, erzählte er ihnen als Gegenleistung die Art von Geschichten über sich selbst, die man sich nicht vorstellen kann, bevor man sie gehört hat, aber sofort versteht, wenn man sie doch erzählt bekommt. Unglaublich, aber folgerichtig. Kaum eine war je wahr. Mit der Wahrheit nahm er es schon lange nicht mehr genau: Sie bedeutete nichts, und sie bedeutete ihm nichts. Nun, da er erwachsen war, genoss er die Macht der Lügen, denn wer lügt, entscheidet für den anderen, bestimmt für die Länge eines Satzes, wie dessen Welt aussieht. Wurde er von Gästen gefragt, woher er komme und wer er sei, wählte er sich eine Biographie wie andere den Wein. Satt sich vorzubeugen, lehnte er sich stets ein wenig zurück, so dass die Menschen näher heranrücken mussten, um ihn auch zu verstehen. Jedem erzählte er ein anderes Leben, eines, von dem er wie in Kindertagen glaubte, dass es die passende Antwort für den jeweils Fragenden sei. Darum kam er mal von hier und mal von dort, aus Orten, deren Namen ihm gefielen, war im Süden bei den Zitronen aufgewachsen oder in großen, schlaflosen Städten, auf einsamen Inseln oder in Wolkenkratzern, und obwohl er keine fremde Sprache sprach und ohne Schulabschluss war, glaubten die Zuhörenden ihm oft ohne ein Zögern. Er erfand sich große Häuser, in denen er gelebt hatte, eine hässliche Schwester und einen schönen Bruder, Geld und Gold, Tiere, Tote und Gespenster, Erfolge und Abstürze und auf den Leib geschneiderte Landschaften, die sich kaleidoskopisch zu immer neuen Universen um seine eigene Existenz herum formten.

So berichtete er dem berauschten Publikum zu später Stunde, bevor das Licht anging, seine Mutter sei eine berühmte Chirurgin, die Organe transplantiere und den Lebenden das Herz der Toten in den Körper pflanze, oder sagte stolz, als Kind sei keiner schneller gelaufen als er beim Fußball und nie sei er krank gewesen. Den letzten Gästen erzählte er gerne, in Russland habe er mit einem Bären zusammengelebt, der seinen Vater, einen Diplomaten, eines Tages verspeist habe, eines Sommers sei er von einem fremden Hund vor dem Ertrinken im Meer gerettet worden und im Wald seiner Heimat habe man mitunter nicht nur Pilze, aber auch verschwundene Menschen gefunden.

Überall stahl August sich die Einzelheiten für seine falschen Biographien zusammen, griff sich Splitter aus der Welt, die er kannte, entwendete Bruchstücke aus Fernsehfilmen, die er mit seiner Mutter gesehen hatte, borgte sich Teile vom Leben eines Gegenübers, und gefiel dieses Leben ihm gut genug, gab er für einen Abend mitunter auch das ganze als sein eigenes aus. Er erntete die Menschen in der Bar ab, pflückte die Geschichten wie Äpfel von ihnen herunter, sammelte und hortete sie, bis er sie irgendwo gebrauchen konnte. Er schliff und verzierte die fremden Identitäten, kombinierte und vertauschte sie für seine eigene, die er auf der schmalen Bühne des Tresens darbot. Fortwährend übte er sich im vollkommenen Schein, ohne dass sein nächtliches Publikum etwas von diesem einsamen Schauspiel ahnte. Nur wenn er sich melancholisch fühlte, erfüllte er manchmal erzählend den Eltern ihre alten Wünsche und ließ den Vater für die Länge einer Geschichte ein berühmter Schauspieler und die Mutter eine glückliche Dame der Gesellschaft sein: die, die sie so gern gewesen wären. Näher als in dieser Lüge kamen die unwissenden Gäste August Drach nicht, denn von sich selbst gab der Mann so wenig preis, als wollte er nicht einmal ein erfundenes Ich der echten Welt aussetzen, und blieb hinter der Bar, hinter der Reihe leerer Gläser immer stolz, abweisend, undeutbar.

Manchmal gab es Schlägereien, vor der Tür kippten Betrunkene übereinander, und an der Theke drohte man den Säumigen, den Ängstlichen, den sich betrogen Fühlenden mit schönen Worten, deren Bedeutung nur die Eingeweihten kannten. Niemand mischte sich ein, die übrigen Gäste saßen an ihren Tischen in sicherer Ferne, waren ein dankbares Publikum, denn aus dem schützenden Raum heraus lässt sich jeder noch so große Schrecken goutieren. Im Dunkel dieser späten Stunden traf er auch auf andere Menschen, deren Geschäft und Berufung die Lüge war – Scharlatane, Trickbetrüger und Glücksspieler, Menschen, die sich im Hinterzimmer der Welt eingerichtet hatten und die eine gute Illusion bewunderten, wenn sie eine sahen. Kleine Ganoven, die sich nicht daran störten, dass ihnen nichts Großes gelang, die durchs Leben stolperten und sich nahmen, was sie mit der ausgestreckten Hand erreichen konnten. Auch wenn er nicht wusste, warum, zogen sie ihn an. Vom Tresen aus beobachtete er diese Gestalten der Nacht, die von Tisch zu Tisch wanderten im Laufe eines Abends, sich hier und dort dazusetzten und inmitten des Lärmens und der abwehrenden Gesten, zwischen den bitteren Gerüchen von Rauch und Schweiß und gekochtem Fleisch auf ihre Gelegenheit warteten, selten erfolgreich, oft vergebens, aber immer bereit.

Mit der Zeit lernte er mehr über ihre Sprache und ihre Kniffe, fand schließlich einen eigenartigen Gefallen an ihrer Idee, dass ein jeder berechtigt war, sich mit allen Mitteln einen guten Platz auf der Welt zu verschaffen. Er war fasziniert von der Frechheit, mit der sie vorgingen, und erschreckt von der Leichtgläubigkeit ihrer Opfer, die mit der Inbrunst derer glaubten, die einen Glauben notwendig hatten, unabhängig von seinem Inhalt. Bald machte

August es wie sie, erzählte den Betrunkenen nicht nur von einem Leben, das es nicht gab, aber verkaufte Dinge, die er nicht hatte, machte mit falschen Versprechungen echtes Geld und verlor es wieder, kaum war es ihm in den Schoß gefallen. Hin und wieder zogen seine Geschichten den vertrauensvollen Gästen die Glücks- und Notgroschen aus den tiefsten Fächern ihrer Börsen, die sie für einen besonderen Moment aufgespart hatten, denn stets gab er ihnen das Gefühl, der sei endlich eingetreten und sie müssten ihn rasch unter allen Umständen nützen. Er schwindelte um sein Leben in jener Bar, aber es fiel ihm kaum auf. Auch schämte er sich nicht dafür. Immer wieder war er erfolgreich mit den kleinen Betrügereien, die über die Theke gingen – aber kaum hatte er ein paar Scheine in der Hosentasche, konnte er sie nicht halten, gab sie mit vollen Händen aus und stand rasch wieder mit leeren da. Und noch immer war in ihm der Armenstolz seiner Kindheit, der gebot, sich seine Verluste nicht anmerken zu lassen, und oft genug übernahm er trotzig die Rechnung für seine Bekanntschaften, auch wenn er tagelang kaum aß, um sich den Anschein der Großzügigkeit leisten zu können.

Die Wohnung, in der er lebte und die der große Otto bei Augusts Einzug ein Jahr im Voraus bezahlt hatte, war klein, sauber, beinahe leer. Nur im Waschbecken in der Toilette lagen stets ausgedrückte Zigaretten und Asche auf dem weißen Porzellan, wenn August mit langen Fingern rauchte, während er sie benützte. Bett und Herd standen in dem einzigen Wohnraum so nah beieinander, dass, wer auf der Matratze lag und sich streckte, mit den Zehen die Schalter des Herdes erreichte oder sich vornübergebeugt die Zigarette an der heißen Kochplatte anzünden konnte. Auf dem einzigen Stuhl im Raum hingen Kleider, und die Lehne trug alle Jacken und Mäntel übereinander, so dass es aussah, als säße ein breiter Mensch ohne Kopf im Zimmer. Immer roch es nach kalter Asche und warmer Luft in dieser Wohnung. Unter den nackten Füßen war der Teppichboden, der bis in alle Ecken geklebt war, wie ein Tier, ein raues Fell, auf dem man spazieren ging. August liebte den Ort auf Anhieb, die Betonfassade, die schmucklosen Formen, das Murren der Stadt hinter den Vorhängen, die Fenster ohne Aussicht. Es war der kleinstmögliche, der allernötigste Rahmen für ein Leben, das plötzlich nur seines war, vier Wände, innerhalb derer August Drach die Leere zur richtigen Zeit mit schönen Dingen füllen wollte.

Die Gegend selbst genoss den schlechten Ruf, den man ihr zuschrieb, während ihre Bewohner den Sprung in eine bessere Zukunft zu schaffen oder bloß nicht im Loch der Gegenwart zu verschwinden versuchten. Alle lebten hier nach Leibeskräften. Es gab keine finsteren Nächte mit einer Reihe blinder Fenster wie in anderen Vierteln, keine Übereinkunft mit der Dunkelheit und dass man in ihr schlief, denn irgendwo brannte immer Licht, irgendwo drehte stets jemand an den Rädchen der Welt und wachte mit einer elektrisierten Seele im Heiligenschein seiner Idee von einem neuen Leben. Für die große Ruhe war keine Zeit. Überall flimmerten die Fernseher, es gab Wohnungen, in denen sie nie ausgeschaltet wurden, Tag und Nacht, im Winter und im Sommer als Hintergrundgeräusch für die Einsamen liefen, klobige Apparate, die sich an der Ewigkeit abarbeiteten, bis sie eines Tages schwarz wurden. Die Satellitenschüsseln wuchsen hundertfach aus den bröckelnden Fassaden der Häuserblöcke wie fremdartige Pflanzen, runde graue Blüten, die sich in den Himmel streckten und Signale direkt aus jener anderen Welt, der man irgendwann angehören wollte, empfingen. Auf den kleinen Balkonen, auf denen kaum ein Mensch sitzen konnte, wurde die weiße Wäsche grau von den Abgasen, aber niemand störte sich daran. Familien so groß, dass man nie wusste, wie viele Mitglieder sie hatten, wohnten hier, Säufer und Studenten, Schichtarbeiter und moderne Schlafgänger, Arbeitssuchende und Senioren, Greisinnen, halb so groß wie in ihren besten Jahren, die in schiefgetretenen Schuhen mit Marktrollern die Wege in Zeitlupe abschritten und so alt wurden, dass niemand mehr an ihren Tod glaubte. Manchmal sah man durch die Fenster, wie der eine seinen Hund und der andere seine Frau schlug. Hin und wieder kam die Polizei, zerrte einen Mann aus einer Wohnung, der seine Freundin durch den Raum getreten hatte, als wäre sie ein Gegenstand mit Armen und Beinen, oder ging unverrichteter Dinge wieder, ließ sich mit Beteuerungen beruhigen, während ein Mädchen blass in der Ecke stand. Da kann man nichts machen, hieß es, noch ist nichts passiert, so dass man sich in der Siedlung den Witz erzählte, die Beamten rieten den Frauen zum Abschied: Rufen Sie uns an, wenn Sie tot sind.

Manchmal hörte August Drach die Geräusche – ein Schweigen, ein Knallen, ein Schreien – durch die Wände, und während sein Hirn noch nicht wusste, warum sie ihm seltsam bekannt schienen, spürte das Gedächtnis des Körpers sie schon als Echo im Fleisch. Die fremden, unsichtbaren Geschichten wurden dann für Sekunden zu der seinen, zu einem Phantomschmerz der Vergangenheit, als gälten die nur ein paar Meter entfernten Berührungen in den kleinen, identischen Nachbarwohnungen ihm selbst. Unangenehm angefasst war er von der Angst und der Wut, dem Außersichgeraten, das durch die dünne Wand drang, aber nie kam ihm der Einfall, an einer Tür zu klingeln, sie zu öffnen, aufzureißen, um einen Blick auf diese Gewalt zu werfen oder gar ihr Ende einzufordern. Der Schmerz war immer unerreichbar, in einem Haus, in einem Zimmer, in einem Körper versperrt. Aber den Geschichten, die dieser Schmerz erzählte, hörte er zu, wie er es auch in der Nachtbar tat. Er lag schmal auf dem Bett neben dem Herd, die Arme unter dem Kopf verschränkt, und lauschte, wie erst der eine schrie und dann der andere, wie ein Teller zerbrach oder ein Fingerknochen, wie eine Lampe zu Boden fiel oder ein ganzer Mensch auf den grauen Teppichboden stürzte. Ein Vorwurf tauchte auf, jemand fühlte sich klein, ein Streit fraß sich groß an sich selbst, und schon krachte es in den oberen und unteren Stockwerken. Er hörte, wie ein Mann seine Frau morgens in der Wohnung nebenan einschloss, damit sie bis zu seinem Wiederkommen am Abend keinen anderen Menschen ansehen konnte. Vernahm, wie sie ihn Tag für Tag mit leiser Stimme bat, den Duschkopf nicht abzuschrauben, und wie er ihn stets in seiner Aktentasche zur Arbeit mit sich trug, damit ihr die Würde nicht blieb, sich in der Zeit seiner Abwesenheit von ihm sauber zu waschen. Den Willen zur Erniedrigung verstand August intuitiv und erinnerte sich daran, dass sein Vater ihn als Kind einmal im Badezimmer vor sich hatte niederknien lassen und wie enttäuscht er gewesen war, dass die Ausübung der Macht für ihn keine Krönung, keine Erfüllung bedeutete, bloß eine Demütigung für beide, eine Unterwerfung, die nicht funktionierte, obwohl August über den Boden rutschte, dass die Fliesen unter ihm blank wurden. Du kniest dich jetzt hin, hatte der erwachsene Mann damals mit sich überschlagender Stimme gebrüllt – da hatte August gewusst, dass diesem die Welt längst entglitten war.

Wenn er der Welt nicht zuhörte, schaute er sie an. In der Siedlung gab es stets etwas zu sehen. Gerne beobachtete August am Fenster, wie die Kinder Fußball auf den mit Kreide bemalten Asphaltfeldern zwischen den Autos spielten, sich prügelten oder sich beim Stürzen die Knie an den Gehsteinkanten aufschlugen, die Arme zum Sieg hochrissen, wenn sie wieder aufstanden, als hätten sie den übermächtigsten aller Gegner bezwungen. War die Verletzung schwerer, pilgerte die Mannschaft zum Heiligtum des Parkplatzes und ließ sich – den Verwundeten in ihrer Mitte – auf der Holzbank hinter den roten, verbogenen Blechtoren nieder. *Moment of Fame* war auf die grobverputzte Garagenmauer gesprüht. Weihrauchfässer hingen im Halblicht an Ketten von der Decke, Autoreifen stapelten sich links und rechts an den Wänden in die Höhe, eine Heiligenfigur beugte sich mit ausgebreiteten Armen zum Boden, als besähe sie die Spinnweben und den Staub zwischen ihren gipsernen Mantelfalten. Die Nachbarn hatten sie zwischen Werkzeug und alten Lampen entdeckt, nachdem der Besitzer der Garage verstorben war, und mit der Zeit begonnen, ihr andere Devotionalien, die sie fanden, zur Seite zu stellen, als niemand auftauchte, um die bescheidene Erbschaft anzutreten. Nun war es ein Unterstellplatz für die Menschen, eine Garagenkapelle ohne Kanzel, eine Rumpelkammer mit Volksaltar und blecherner Monstranz, voll von Ikonenbildchen, abgebrannten Kerzen und den Ramadan-Laternen des letzten Zuckerfests. Die blauen Augen starrten lidlos gegen den bösen Blick. In einer Schatulle in Form einer Hand, die wie das Endglied eines unsichtbaren Arms schwer auf einer Holzkiste lag, war Gerüchten zufolge die Fingerkuppe eines Heiligen verwahrt, aber als jemand sie nach Jahren öffnete, fand sich nichts als eine tote Fliege darin. Über die Jahre hatten die Anwohner allerlei Seltsamkeiten zusammengetragen und rund um den abblätternden Franz von Assisi und das Schild, das das offene Feuer verbot, angeordnet. Mal wirkte der Ort kathedralisch, mal gewöhnlich, je nach Gestimmtheit des Betrachters. In einer Ecke lehnte ein von jungen Frauen in einer betrunkenen Nacht aus einer Kirche gestohlenes kindshohes Kreuz. Die Mädchen und Buben hängten in den Fußball-Spielpausen ihre Trainingsjacken an die ausgebreiteten Arme des Gekreuzigten oder ließen die Plastikfläschchen mit geweihtem Wasser, die die Alten von ihren Wallfahrten mitgebracht hatten, heimlich herumgehen wie Schnaps. Es hieß, einer aus der Nachbarschaft hätte sogar einmal versucht, eine Messe in der Garage zu halten, aber niemand sei erschienen, kein Mensch, kein Geist. Manchmal sah man tatsächlich ein paar Bewohner beten zwischen den Autoreifen, und obschon sie den Kopf geneigt hielten, war es immerzu ein Gebet der Unbeugsamen, denn sie saßen ansonsten kerzengerade vor Empörung und forderten Gerechtigkeit von ihrem Herrgott – für sich und stets mit dem Zusatz, koste es, was es wolle, koste es, wen es wolle. Meist aber hockten nur die schweißnassen Kinder im Kapellendämmer, versorgten aneinander die aufgeschürften Beine mit Verbänden aus der Schuhschachtel unter dem Altar, in der Jod, Pflasterrollen und Pinzetten aus den Schönheitskoffern der Mütter lagerten, und weil sie von Gott nichts wussten, halfen sie sich selbst. Hin und wieder folgte August Drach ihnen, um einen Blick auf die kleinen Operationen zu werfen. Dann stand er rauchend an dem blechernen Tor, lehnte am Vorsprung der Mauer und gab Ratschläge, wie eine Wunde am besten zu behandeln sei, wenn die Kinder aber fragten, ob nicht er ein Steinchen oder einen Splitter aus dem Fleisch eines Spielers entfernen könnte, wandte er sich ab und ging fort.

Alles war immerzu voller Menschen. Die Nachbarn um ihn herum waren viele, laut und lärmend, und wann immer August sie morgens, wenn er von der Arbeit nach Hause kam, durch den Tag randalieren hörte, dachte er unwillkürlich an seine Kindheit zurück. Kaum einen Ton hatten die Leute von der anderen Seite des Zaunes je gesagt, und er erinnerte sich an kein Wort, das sie je gewechselt hatten, bloß daran, dass er als Kind der Überzeugung war, dass es auf dem Nachbargrundstück um nichts anderes als um die Fähigkeit ging, still zu sein und still zu halten. Er sah wieder vor sich, wie die alte Nachbarin den ganzen Tag saß, im Hof, vor dem Ofen, auf der Bank, an eine Wand gelehnt, die Beine lang ausgestreckt, die Hände wie Brot im Schoß. Wie ihr Mann vor dem Haus auf einem weißen Plastikstuhl thronte, dessen poröse Lehne sich um seinen Buckel bog. Wie sich nicht nur die Menschen, aber auch der Hund nie zu bewegen schien, der wie eine in die Ferne sehende Statue am Tor hockte, selbst wenn die beiden Rüden der Drachs nach ihm bellten. Wie auch das Enkelkind, als es einmal zu Besuch war, wie ein Stein im Zimmer gesessen war, bewegungslos, stumm und mit einer so kühlen Haut, dass er beinahe schauderte, als er es am nackten Arm berührte. Damals war August, als trügen diese Nachbarn alle ein geheimes Gewicht, einen eisernen Kern in ihrer Mitte, der sie schwer auf den Stühlen und auf dem Boden hielt. Wann immer er auf dem Schulweg an ihnen vorüberging, vorüberschwankte und einen Blick über den Zaun zu ihnen warf, fragte er sich, woran diese Menschen wohl dachten, während sie Stunde um Stunde so saßen, ob sie überhaupt Gedanken hatten oder ob sie ganz erfüllt waren von ihrer eigenen Schwerkraft und der Stille, die sie umgab.

Unabhängig von dem ewigen Getöne der Nachbarn in der Stadt litt August an derselben Schlaflosigkeit, die ihn schon als Bub gelegentlich heimgesucht hatte, während die Mutter im Nebenraum fernsah und irgendwann wegdöste. Wie damals wand er sich rastlos auf dem Laken und wurde porös von der Erschöpfung, während er stundenlang auf den Schlaf wartete, der nicht kam, auf die Uhr sah, deren Zeiger nicht vorrückten. Es war ein quälender Dämmer ohne Pause, ohne Erleichterung. Die Minuten blühten wie Millionen von Blumen auf dunklen Wiesen um ihn herum, und nicht eine ließ sich pflücken, keine verging. Dass er nicht einfach zerfiel in der Abgeschlossenheit dieser Welt, die ihm das Refugium des Schlafes verwehrte, aber irgendwann aufstand und in den Spiegel sah, verwunderte ihn selbst jedes Mal aufs Neue.

Wenn er doch schlief, träumte er oft einen großen, alle Schrecken vereinenden Alptraum. Er träumte von einem Horizont aus Haut, Häuschen klein wie Zündhausschachteln, von ihren Henkern selig in die Augen blickenden Toten, von sterbensseligen Gliederpuppen mit Wespentaille, von Vätern, die ihre Kinder von einem Haus fallen ließen, die die Arme bis zur letzten Sekunde voller Vertrauen um sie schlossen, sich fester klammerten, als sie des Loslassens gewahr wurden. Von Männern, die laternengleich hell erleuchtet waren, Tieren, die die Form wandelten, menschenfressenden Hunden, die zu dem wurden, den sie verzehrt hatten, Nackten, denen die ganze Arche Noah aus dem Rumpf brach, Frauen, die wie Vögel in den Bäumen saßen und aufflogen, kam man ihnen zu nahe. Er sah Zitronen, die am dunklen Himmel standen wie Sterne. Eingestürzte Schneckenhäuser. Menschen in unmenschlichen Positionen. Lederne Schuhe, die allein durch leere Häuser schritten. Beobachtete Kinderprozessionen, die in langen Reihen zu einem riesenhaften, geöffneten Körper pilgerten, ins Tabernakel des Brustkorbs sahen, die Köpfe zwischen die wie Türflügel aufgeklappten Rippenbögen steckten und erschraken, als erblickten sie eine Schönheit, die vom Grauen nicht zu unterscheiden war. Erkannte Massen, die sich einem Muskel gleich um Davonlaufende schlossen und noch auf die Toten einprügelten, Leichen, denen man die Gesichter abgeschabt hatte, totgetrampelte Menschen, die mit leeren Augen zum Himmel sahen. Wurde heimgesucht von den Bildern versehrter Leiber, durch deren Löcher man in eine ferne Weite oder eine mikroskopische Nähe schaute. Sah die einen über die anderen fallen und herfallen. Fand sich selbst auf beiden Seiten der Zerstörung, mal hier, mal dort, stets gelähmt von Hilflosigkeit. Und sosehr er sich auch umblickte in seinem Traum, das Rettende wuchs nirgendwo.

Wenn er in dem schmalen Bett neben dem Herd aus seinen Träumen aufschreckte, wusste er für jene Augenblicke, in denen die Wirklichkeit die Traumbilder Stück für Stück überblendete, nicht, wo er sich befand. Mal für Mal fühlte er sich wie in den ersten wirren Wochen, die er in der Stadt verbracht hatte und in denen er jeden Tag ratlos aufgewacht war. Alles war fremd gewesen, das Zimmer und das Licht, nicht zuletzt er sich selbst, auch wenn er nicht wusste, ob er es je anders gefühlt hatte. Wenn er später daran dachte, welche Kette an Zufällen ihn an diesen Ort geführt hatte, verknoteten sich seine Gedanken. Er arbeitete sich ab an der Tatsache, dass man all seine Jahre in einem Haus mit Apfelgarten verbringen konnte und plötzlich, wie aus dem Nichts, mutterseelenallein in einer fremden Stadt lebte. Es schien ihm keinen angemessenen Übergang gegeben zu haben, und auch wenn er die Ereignisse ordnete, so gut er es vermochte, war er sich nie sicher, wann genau und unter welchen Umständen damals wohl der Augenblick eingetreten war, an dem er nicht mehr zurück-, aber nur noch vorangehen konnte.

Dabei erinnerte sich August Drach gut an jenen Tag kurz nach seinem siebzehnten Geburtstag, an dem alles begonnen hatte. Auf Geheiß der Mutter war er nicht zur Schule gegangen, die er ob seiner Kränklichkeit ohnehin nur noch unregelmäßig besuchte, aber eingehüllt in seine große Müdigkeit zu Hause geblieben. Schwere Regenwolken hatten in den späten Morgenstunden den Himmel verdunkelt, und mit in den Nacken gelegtem Kopf und bloßen Füßen war er im Garten gestanden und hatte das Wetterleuchten beobachtet, für Minuten zugesehen, wie der Horizont für Sekunden aufriss und im nächsten Augenblick wieder ins Schwarz versank. Mit einem Mal hatte es ein Krachen gegeben, so laut, dass das Trommelfell gerade nicht platzte, und ein Rauschen in den Ohren, das jeden Ton außerhalb der eigenen Haut verschluckte. Eine Helligkeit hatte die Welt erfasst, und ein Licht war August in den Körper gefahren, dass sein Herz flimmerte und aus dem Rhythmus fiel, zu dem der Mensch tagein, tagaus marschierte. Es war gewesen, als würden ihm die Gliedmaßen schmelzen, die Beine in die Erde rinnen, die ausgestreckten Arme sich in eine heiße Masse aus Fleisch und Knochen auflösen, seine Fingerspitzen für immer im Gleißen verschwinden. Für einen Wimpernschlag hatte er gedacht, dass nicht das Wetter, aber ein Gott in ihn einschlug, eine heilige, hohe Gewalt in ihm Obdach fand, ihn mit ihrer Größe anzündete, entfachte wie ein Streichholz, bevor sie in den Boden entwich. Dann war die Welt schwarz geworden und die Zeit außer Kraft gesetzt. Als er wieder erwachte, konnte er nicht glauben, dass er am Leben war und nicht ausgebrannt wie jenes Haus im Dorf, vor dem er als Kind unter Kindern gestanden hatte mit Gesichtern hell vom Feuerschein und die Augen nicht abwenden hatte können, bis im Morgengrauen nichts als ein paar Wände davon übrig geblieben waren.

In jedem Leben gehen Bestimmung und Selbstbestimmung, Glück, Unglück und Zufall mit stiller Wirkmächtigkeit gegeneinander an, zerren an der Linie, die zwischen Geburt und Tod gespannt ist, und wehen die auf ihr Balancierenden wieder und wieder vom Weg. Die Wahrscheinlichkeit, dass ein Mensch von einem Blitz getroffen wird, ist so gering, dass, geschieht es doch, das Ereignis nicht anders kann, als einem ein Schicksal zu werden. Niemand trug Schuld daran, und August hatte etwas, mit dem er nicht vertraut war: Glück. Der Blitz nämlich hatte sich erst in einen der Apfelbäume und dann in August entladen. Weil der Strom jedoch vom Boden auf ihn überfloss, trug er keinen irreparablen Schaden davon. Sein Herz schlug nach einem kurzen Innehalten weiter, und auch die Verbrennungen verheilten über die Wochen im Krankenhaus, so dass mit der Zeit auf der Haut nur ein filigranes, sich wie eine Pflanze verzweigendes Muster zurückblieb, ein elektrischer Baum, eine Blitzmarkierung im Gewebe, eine Kennzeichnung des Überlebens. Darüber hinaus hatte August eine Form von Glück, die nicht viele haben: ein lupenreines Unglück riss ihn aus dem einen Schicksal heraus und verhalf ihm von heute auf morgen zu einem neuen. Denn im Krankenhaus in der Stadt pflegten sie ihn nicht nur von seinem Blitz gesund, aber ohne es zu wissen auch von seiner rätselhaften Krankheit und den Auswirkungen der Tabletten der Mutter, die unter Wehklagen und den strengen Blicken Otto Ziedrichs, der Lilly Drach in einem Ausbruch späten Widerstandes jeden Besuch verbot, im entfernten Dorf ausharrte. Auf ihren vehementen Protest hin, dass ein krankes Kind doch seine Mutter brauche, schlug er der Frau ins Gesicht, erschrak darüber und stellte dennoch klar, dass diese Zeiten ein für alle Mal vorbei seien. Diesmal war der große Otto derjenige, der über die Liebe entschied, und Lilly Drach konnte nicht anders, als sich zu fügen, weil auch sie plötzlich etwas zu verlieren hatte. Die Verhältnisse der Macht hatten sich innerhalb eines einzigen Augenblicks grundlegend verkehrt. Die Angst vor der Wahrheit und dem Kollaps ihrer neuen Ehe, der ganzen schönen Prinzessinnen-Existenz, band ihr die Hände besser als jedes Seil. Sie blieb in den Armen des großen Otto vernichtet zurück im Haus am Rande des Dorfes, und so erlösten der Blitzschlag und der Schlag ins Gesicht August unverhofft von seiner Kindheit und von seiner Mutter. Und während sich die anderen jungen Männer in seinem Alter tätowieren ließen, um ihr Erwachsensein mit einem Wolf zwischen den Schulterblättern, einem Herz auf dem Herzen zu bezeugen, trug er fortan die roten Linien einer Lichtenbergfigur auf dem Rücken.

Der Mensch ist eine Überlebensmaschine. Genau wie in jenem Sommer im Süden bei den Zitronen erholte sich August mit erstaunlicher Geschwindigkeit, weil Lilly Drach keinen Zugriff auf ihn hatte. Er war ein ruhiger, unauffälliger Patient, denn er war jahrelang darin geübt. Von den Vorkommnissen zu Hause ahnte er im Krankenhaus nichts, er wusste bloß, dass er keinen Besuch erhielt, und obwohl er manchmal gerne einen vertrauten Menschen gesehen hätte, war er schließlich erleichtert, dass niemand kam. Er fragte nicht nach, auch nicht, als Otto Ziedrich, groß aufragend, zwei-, dreimal in der Tür des Krankenzimmers stand und für ein paar Minuten einen ernsten Blick auf die Fortschritte seiner Genesung warf. Instinktiv begriff August, dass etwas zu Ende gegangen war, ohne dass er es sich ausgesucht hatte. Erst vermisste er die Mutter, und sich selbst und seine verbrannte Haut ohne sie zu denken kam einer körperlichen Kraftanstrengung gleich, die jene der schmerzhaften Heilung beinahe überstieg. Er konnte sich nicht erinnern, je krank oder verletzt gewesen zu sein ohne ihre absolute, diktatorische Nähe, die ihn beherrschte und über seinen Zustand entschied. Er kannte die Welt ja nicht anders. Die Abwesenheit ihrer Hände und Blicke schien ihm unnatürlich, und nur sehr zögerlich löste er sich aus dem Bannkreis ihrer Macht. Die Zeit half und verging, aber so langsam, als würde man einem Ei beim Stocken zuschauen. Er brauchte Geduld. Alles war ein Warten im eigengesetzlichen System des Krankenhauses, auf den Gängen, an den Fenstern, im kleinen Park vor der Tür, und Abend für Abend sah er im Spiegel nach, ob er denn schon ein neuer Mensch geworden war. August war sich der Antwort nicht sicher, wenn er sich selbst im grellweißen Badezimmer gegenüberstand, aber er begann zu ahnen, dass, ging man nur oft genug schlafen und stand wieder auf, irgendwann alles anders sein würde, als es noch am vorangegangenen Tag gewesen war; dass man sich auf nichts verlassen konnte, bloß auf die leisen, schläfrigen Metamorphosen, auf die Abschiede und die Neubeginne, von denen man erst im Rückblick Notiz nahm, wenn sie lang vorüber waren.

Als August Drach nach Wochen geheilt entlassen wurde, fuhr der große Otto ihn zu der kleinen Wohnung, die er ihm in der Stadt gemietet hatte, gab ihm ein Kuvert mit ein wenig Geld und sagte als Helfer einer Flucht, über die sich der Flüchtende selbst nicht im Klaren war, dass für ihn nun ein neues Leben beginne. Ob das nun eine Lüge war oder nicht, wusste der junge, dünne Mann in diesem Augenblick nicht, aber er entschied sich, auch wenn es eine sein sollte, sie von ganzem Herzen zu glauben.

V

Jede neue Stadt wird erst in jenem Augenblick, in dem man einen anderen Menschen in ihrem Inneren liebt, zu einem Zuhause. Wer an jemanden sehnsüchtig denkt, gehört mit einem Mal wohin. Die Füße wurzeln im Boden, so dass man mit dem nächsten Windstoß nicht verweht, einen der Schwindel des großen Gedankens nicht umwirft, die Fliehkräfte einen nicht in die ganze Welt hinausschleudern. Die gerade noch undurchdringliche Fremde, die abweisenden Mauern, Gesichter, der Himmel und die Häuser reißen auf, und die Wege führen plötzlich wohin. Wo man vorher in einer unbestimmten Ferne stand, gehört einem unversehens alles, als habe ein guter Gott einem die Dinge selbst gewidmet. Jede Einzelheit auf der Straße ist an einen gerichtet – ein Fenster, das sich öffnet, eine hässliche Ecke, die man unversehens erträgt, die jähe Zärtlichkeit eines Kindes, das inmitten eines Unwetters einem fremden Hund mit seinem Regenschirm hinterherläuft, damit auch das Tier nicht nass wird.

So erging es August Drach, als er Ava begegnete. Er lernte sie kennen so spät in der Nacht, dass der erste Morgen den zur Tür Hereinkommenden schon leuchtend im Gesicht stand. Sie stolperte über einen von der Garderobe auf den Boden gefallenen Mantel, taumelte, wurde plötzlich festgehalten und sah die verlegene Freude eines Menschen, dem etwas Überraschendes gelang und dem die Welt gnädig Gelegenheit gab, ausnahmsweise etwas ganz und gar richtig zu machen. August wollte die Stolpernde kaum loslassen, so gut gefiel sie ihm, so angenehm lag sie ihm in den Armen, für Sekunden verwundert darüber, vor dem Fall bewahrt worden zu sein. Der seltsame Stolz des gelungenen Moments fuhr in August, ließ ihn schlagartig schrecklich aufrecht stehen, und fast schien es, als habe man ein Ende des dünnen Mannes entzündet wie die Spitze einer Zigarette, so leuchtete sein Gesicht in der Dunkelheit des Gastraumes. Und als die vor dem Sturz Gerettete nicht nur lächelte, bevor sie sich im Kreis ihrer Begleiter an einem der Ecktische niederließ, aber ein paar Tage später allein wiederkam, konnte er sein Glück kaum fassen.

Es gibt die Art von Rührung, die aufkommt, wenn einer, der immer gewinnen wollte, gewinnt, und jene, die entsteht, wenn einer, der immer gewinnen wollte, verliert. August war von sich selbst gerührt, vom Triumph, die Zuneigung der Frau aus der Bar gewonnen zu haben, die einige Jahre älter war als er. Beinahe musste er weinen, wenn er daran dachte, wie sie ihn von der Seite ansah, wenn sie mit einer Flasche Bier wartend an der Theke saß. Er fühlte: Mit einem Mal war er jemand. Sie schien ihm der große Sieg zu sein, nach dem ihn die Jahre so bedürftig gemacht hatten. In der Garagenkapelle stellte er sich darum bald jeden Nachmittag zwischen die schwarzen Reifen zu den Betenden oder brachte auf Knien, eine Zigarette nervös in der Hand, murmelnd sein Anliegen vor, das Gesuch, dass die Frau immer wiederkommen, nie weggehen und ganz zu ihm gehören solle. Er hatte keine Ahnung von Gott, aber er fand, man konnte nicht wissen, wozu es gut war, auch diese Gunst zu erbitten, einzufordern, denn er wollte das Schicksal mit allen Mitteln verfestigen. Er erinnerte sich, wie sich einst auch die eigene Mutter und die des verschwundenen Kindes in höchster Verzweiflung an höhere Mächte gewandt hatten, an die herausgeschrienen Gebete der zwei Gestalten unterm Apfelbaum, an ihre Angebote zum Geschäftsabschluss mit dem Universum. Sie waren bereit gewesen, alles zu geben. Kopflos, laut und wirr waren die Bitten, das Mädchen zurückzubringen, aus ihnen herausgebrochen. *Nimm, was du willst*, hatten sie dem Himmel und den Äpfeln zugerufen. Aber sie hatten schlecht verhandelt, schien ihm, die Not war größer gewesen als die Macht, die sie anriefen. August wollte aus ihrer Unbedarftheit lernen, es besser machen und mehr Verhandlungsgeschick mit den Göttern zwischen den Autoreifen beweisen. Weil er skeptisch gegenüber allem Ausgesprochenen war, feilte er an den Gebeten und Anrufungen wie an einem Staatsvertrag, rang um den richtigen Wortlaut seines Wunsches, damit er nichts Unbedachtes enthielt, das ihm zum Verhängnis werden konnte, keine Formulierung, mit der man, ohne es zu wissen, vielleicht für ein Folgeunglück als Gegenleistung unterschrieb. Dass Nähe einen Preis hatte, schwebte ihm als Erfahrung ohne Namen, als vage Erinnerung über dem hocherhobenen Kopf. Mit allen Tricks und großer Sorgfalt beschwor er darum den Unbekannten, den Allmächtigen, ahnend, dass es manchmal kein grausameres Scheitern gibt als eine falsch erfüllte Sehnsucht. Er war entschlossen, keinen Fehler zu machen, denn er fürchtete die Wirkungslosigkeit seiner Bitte, wäre sie zu ungenau, oder der Herrgott würde ihn im schlimmsten Falle wieder über den Tisch ziehen, auf dem schönsten Weg in die Hölle führen oder ihn an der bloßen Hand in die Höhe reißen, nur damit er später umso tiefer fiel. Komisch kam er sich vor, als er sich selbst in der Garage neben dem Kreuz mit den aufgehängten Kinderjacken so vehement um einen Menschen, den er kaum kannte, bitten hörte, aber er wusste nicht, an wen er sich sonst hätte wenden sollen. Er wollte kein Risiko eingehen. Er wollte Ava.

Ava war eine schmale Frau im Herrensakko mit kinnlangem Haar und Wimpern, die im Licht beinahe weiß schienen, ungestüm, bestimmt, aus Prinzip empört über alle Anweisungen, die man ihr gab, und unzuverlässig in deren Ausführung. Von Frauen wusste August nicht viel, kannte nur die Mutter und jene Dorfbewohnerin, die ihre Tochter vermisste, die alten Nachbarinnen aus der Ferne und die Mädchen aus der Schule, die ihn stets gemieden hatten. Wie schön Ava war, bemerkte August nicht gleich, er war überwältigt von der Tatsache, dass sie eine Frau war, nicht welche. Ihre Eigenheiten, das unverwechselbar Persönliche wurde für ihn erst später Stück für Stück in dem übergroßen Urbild sichtbar.

Wer glücklich werden will, muss alle enttäuschen, sagte sie in der Dunkelheit der ersten Nacht, die sie in dem schmalen Bett neben dem Herd miteinander verbrachten, und August nickte, auch wenn er nicht wusste, was sie damit meinte. Dass es ihr aber ernst war, verstand er, als sie ihm unter der Bettdecke erzählte, dass sie aus einer Familie kam, in der man sich nichts so sehr wie den Verzicht auf das eigene Glück zu Gunsten der anderen auf die Brust heftete, unbeeindruckt davon, ob das Opfer je gewollt war, unempfänglich dafür, ob die vermeintliche

Selbstlosigkeit zu etwas Gutem geführt hatte. Ihren Lieblingssatz beglaubigte sie mit einem Leben, das ihre Eltern so sehr empörte, dass sie abseits von Feiertagen erst gar nicht mehr mit ihr sprachen. Es gab nichts, was Ava richtig machte in ihren Augen, und gleichzeitig liebten auch sie selbst ihre Tochter stets auf die falsche Weise. Denn ihre Freiheit verziehen sie ihr nicht, und auch nicht, dass sie nicht am Wettbewerb der Bitterkeit teilnahm, während die übrigen Familienmitglieder vollständig erfüllt davon waren, unaufhörlich gegeneinander anzujammern, ihre Litaneien jedoch stets mit dem stolzen Hinweis versahen, niemals zu klagen und das Leid demutsvoll zu ertragen – um schlussendlich selbst noch über das ausbleibende Lob für ihre stille Leidensfähigkeit laut aufzuseufzen. Darum jammerte Ava nicht, tat, was sie wollte, bat lieber um Entschuldigung als um Erlaubnis, sagte *Ich!* ohne Scham, lehnte gute Angebote mit großer Freude ab und scheiterte oft, aber lachte nicht seltener dabei, denn sie legte Wert auf ihre Fehler. Wer nichts will, ist auf der sicheren Seite, flüsterte sie dem nackten August zu: Wer etwas will, macht Fehler.

Der lag in der feuchten, kühlen Wäsche und schauderte, denn er hatte jeden einzelnen Fehler seines Lebens und die Folgen gut im Gedächtnis. Die noch nahe Kindheit saß ihm im Nacken, in den Knochen, im Hirn, klang nach in ihm, hallte durch die riesenhaften inneren Räume, die sich im Körper zwischen den Organen, zwischen den Nieren und der Leber und den endlosen Schlingen des Gedärms verbargen. Dann war ihm, als trüge er das Elternhaus schief in der Brust wie ein Herz, spürte die Enge der Räume unterm Schlüsselbein und das Kreuzzeichen der Fenster im Bauch, fühlte die gelben Zitronen jenes Sommers in der Luftröhre und wie die Apfelbäume hinter seinen Rippenbögen wuchsen und vergingen und wie die Mutter als Engel in seiner Mitte aufragte, mit seinen Lungen- statt Engelsflügeln, die ihr aus den Schulterblättern wuchsen. Auf seiner Hornhaut waren die Lichtpunkte auf der Wand gegenüber seinem Krankenbett aufgehoben, in den Fingerspitzen die An- und Abwesenheit der Hunde bewahrt, und nur den Vater konnte er nicht verorten, denn er schien ihm als Erinnerung überall und nirgends am Leib zu kleben. Obwohl sein Körper von außen so heil aussah, dass man an nichts Böses dachte, war er ein Speicher der unsichtbaren Beschädigungen, und nur die Lichtenbergfigur, der elektrische Baum auf Augusts Rückseite, war der Beweis, dass er schon Leidvolles erlebt hatte und dass der darin abgelegte Schmerz keine Erfindung, keine Lüge war.

August Drach erinnerte sich merkwürdig unsicher daran, was für ein Kind er gewesen war, und es fiel ihm manches Mal schwer, sich selbst als noch kleiner vorzustellen, als er sich ohnehin schon fühlte in schlechten Momenten. Nur hin und wieder blitzte sein Kinder-Ich vor seinen Augen auf, wie es sich mit den schweren gusseisernen Kohlebügeleisen am Gewichtheben versuchte, als wären sie Hanteln, wie es mit den alten Wählscheibentelefonen, die gerne als Dekoration gekauft wurden, telefonierte, in die Stille der Hörer lauschte, als wären sie ein Anschluss in die Vergangenheit. Er sah den Apfelgarten, das Haus und die Dinge, die es füllten, klar und scharf, aber von sich hatte er kein gutes Bild in diesem Bild. Oft schien ihm, als wären in diesen Kulissen die Schläge des Vaters und die Liebe der Mutter einem anderen ohne Gesicht passiert, die Jahre der Krankheit einem Körper, der nicht der seine war. Wo war *er* gewesen, fragte er sich, und wer war er genau? Er wurde das unbestimmte Gefühl nicht los, dass er nichts je getan hatte, aber dass ihm alles immer bloß geschehen war und sein Charakter somit nichts anderes als die Reaktion auf die Menge des ihm Passierten sein konnte. Nun war er ein Ergebnis der auseinandergebrochenen, unerreichbaren Vergangenheit, nach dem Prinzip der verlorenen Form, einem Verfahren, in dem ein speziell gestalteter Hohlraum ausgegossen wurde und erst wenn man das Drumherum zerschlug, ein Körper zum Vorschein kam.

Diesem Körper, der aus seiner auseinandergebrochenen Kindheit hervorgegangen war, zu vertrauen kostete ihn Überwindung, und ihn bei aller Aufregung, die er in Avas Anwesenheit empfand, preiszugeben bereitete ihm anfangs Schwierigkeiten, sosehr er sie auch begehrte. Zärtlichkeit anzunehmen fiel ihm schwer: Immer fragte er sich, ob sie womöglich unverdient war, wartete auf den Preis, den es zu zahlen galt, sah sich um nach jener Verletzung, die ihr in seinem Leben stets vorausgegangen oder gefolgt war. Er musste das Vertrauen in seinen Körper und das in den eines anderen erst lernen. Und unwillkürlich sah er manchmal, wenn er mit der Frau, die er liebte, nackt und ungeschützt war, den Vater für ein paar schneidende Sekunden vor sich, wie er sich auf ihn stürzte, all seine Verletzlichkeit in Besitz nahm, und wie die Mutter ihm mit vor Sorge strahlenden Augen, ihrer bittersten Medizin, und mit einem Glas Wasser im Apfelgarten nachlief und ihn mit kalten Händen hielt, zurückhielt. Kurz meinte er Lilly Drach in jenen Augenblicken wieder neben sich am Bettrand sitzen zu spüren, die ihn bewachte, nah heranrückte und ihm wieder und wieder über die Stirn strich, bis er das Gefühl hatte, die Haut und die Knochen wichen zurück und sie striche direkt über sein Hirn.

Wie aber hielt man Abstand, wenn man sich nahekam, und wie die Nähe aus? Wie erfüllte man sein Verlangen nach einem Du, ohne sein Ich zu verlieren? August wusste es nicht. Alle Menschen hatten sein Leben lang über seinen Leib verfügt, auf diese oder auf jene Weise, und ihm mit falscher Liebe oder mit echtem Hass Intimitäten aufgedrängt, gegen die sich zu wehren ihm gar nicht in den Sinn gekommen war. Nun war er erwachsen und stand mit einem Mal hungrig und ratlos einer Liebe gegenüber, die man frei wählen durfte und über die man selbst Hoheit ausübte, und er haderte mit der verqueren, schuldigen Schönheit des Ausgeliefertseins, die mit dem Begehren kam.

Als wollte sie ihn schälen, schlug Ava ihm oft beim Liebesspiel die langen Fingernägel in die Haut, wie er als Kind seine in die Zitronen geschlagen hatte, um durch den winzigen Riss der Schale an ihrem hellen, gelben Fleisch zu riechen. Dann sah August hilflos an sich herab, fürchtete halb, sie hätte ihn tatsächlich perforiert, ihm den Leib im Wortsinn geöffnet, und wusste nicht recht, was er von der Geste zu halten hatte. So überfordert war er von der Liebe und ihren Regeln, von denen er zwar gehört hatte, die er aber nicht anzuwenden wusste, dass er mehr als einmal in einem unpassenden Augenblick innehielt, die Arme schützend um seine Nacktheit schlang, sich an den eigenen Schulterblättern festhielt, die Augen schloss wie Türen und zum Stein wurde. Ava hörte auf seinen flachen, schnellen Atem und legte für ein paar unangenehme Sekunden ihre Hände als Trost auf die seinen, selbst starr geworden von seinem Zurückschrecken, beschämt von der Aufdringlichkeit und Nutzlosigkeit ihrer Lust. So verharrten sie dann gefangen in ihrer Widersprüchlichkeit, bis das Holz der Tischplatte knackte oder das Fenster der Nachbarn zuschlug und sich die Welt mit einem Mal wieder weiterdrehte.

Immer wieder legte die Angst August Drach in den ersten Monaten ihres Verhältnisses reflexhaft still, und erst später kam die große Lust als Erleichterung dazu, das unvorsichtige Verlangen, das Sichselbstvergessen – und nur das Küssen ertrug er auch mit den Jahren nicht, und auch von fremden Händen festgehalten zu werden hielt er kaum je aus, so dass er Ava einmal, als sie miteinander schliefen, so grob zurückstieß, dass sie sich den Schenkel am körnigen Wandputz hinter dem Bett aufriss.

Sex hatte er, bevor er Ava kennenlernte, schon gehabt, hastig, hungrig, mit Furcht und Ehrfurcht, mit betrunkenen Mädchen und in die Jahre gekommenen Frauen, denen seine Lügengeschichten am Tresen den Weg durch eine glanzlose Nacht geleuchtet hatten. Wie an sein Kinder-Ich erinnerte er sich bloß fragmentiert an sie, an einzelne Körperteile, das Essigsaure ihres Geschlechts, das Gewicht auf ihm, und nur die Dame mit den Muttermalen, den großen Leberflecken wie Käfer auf ihrem kleinen Körper, war ihm vollständig im Gedächtnis geblieben und wie sich die braunen, ovalen Insektenleiber rau von der hellen Haut abgehoben hatten, wenn man mit den Fingern über sie strich. Für jede dieser Frauen war er ein vollkommen anderer gewesen, mit diesem oder jenem Lügenleben im Rücken, nur sein Körper wechselte nicht die Form. Hätten die Damen einander zufällig über den Mann aus der Bar erzählt, hätten sie kaum Gemeinsamkeiten gefunden, und nur die Linien der Lichtenbergfigur wären in der Lage gewesen, ihn als denselben zu verraten. Dass man aber eine Identität benötigte, um zu lieben und geliebt zu werden, dass Liebe auch Übereinstimmung mit sich selbst bedeutete, dass sie mehr war als ein Körper, den man für ein paar Stunden berührte, etwas Extremes, das keine Pausen und keine Unterbrechung ertrug, wurde ihm erst bewusst, als er sich schon verloren hatte in der Begegnung mit Ava.

Es war eine erste Liebe, die erste nach jener der Mutter, unbeholfen, absolut. Eine, die Rettung versprach. Eine, die zu groß schien für die Wirklichkeit. Eine, die stets von ihrem Ende bedroht war. Eine, die die Schönheit und den Schrecken in sich trug, dass der, der seine Beschädigungen an der Zuneigung eines anderen Menschen heilte, zwar für die Momente der Verbindung endlich ganz wurde, aber umso vollständiger wieder auseinanderbrach, wenn sie vorüber waren. Wer sagte: Du bist mein Leben, meinte auch: Du bist mein Tod. Die Liebe überkam ihn wie ein Fieber, stieg ihm zu Kopf, fiel ihm ins Gedärm. Viel zu schnell bekannte August bei allen Gelegenheiten, dass er ohne Ava nicht leben könne, beschwor die Frau in seinen Armen unaufhörlich, dass er stets mit ihr sein müsse. Er sagte es gedankenlos, ohne den träumerischen Unterton der Träumer. Von der Liebe träumt man bloß, bevor sie eintritt oder wenn sie schon zu Ende gegangen ist, denn während sie einem passiert, ist man erfüllt von ihr, fühlt sich zu allem berechtigt, ist immer wach, sehnsuchtslos, entbunden vom Hoffen auf Besseres.

Ava wehrte sich nicht gegen diese Leidenschaft, spürte August Drachs Triumph, ließ sich geschmeichelt in Besitz nehmen und ertrug sowohl seine Einverleibungen als auch sein gelegentliches Aufschrecken und Zurückweichen. Er kam zum richtigen Zeitpunkt. Sie war bereit. Sie hatte genug von halbherzigen Verhältnissen, von den jungen, muskulösen Männern ihrer Nachbarschaft, die sie tagein, tagaus überreden wollten, doch nachts nackt mit ihnen im Schwimmbad zu planschen, und von jenem Mittvierziger, von dem sie nichts wusste, als dass er den Kopf überstreckte, wenn sie miteinander schliefen, so dass sie seine Goldzähne im geöffneten Mund sah, und dass das Aufblitzen ein Ende, sein Signal der Erlösung war. Das Beständigste, was ihr aus einer früheren Beziehung geblieben war, war eine Katze namens Aladdin, die der Mann, der einst ein Jahr mit ihr in ihrem Atelier lebte, nach dem Abschied nicht zurückgenommen hatte und die gern im hohen Fenster saß wie ein Denkmal des Fehlschlags, das Relikt einer alten Idee. Und obschon sie es nicht übers Herz brachte, das Tier fortzugeben, und es nach bestem Wissen und Gewissen pflegte und fütterte, blieben sie und die Katze einander auch über die Jahre fremd, in nichts als zärtlicher Abneigung verbunden.

Seit sie August kannte, stellte sich Ava oft einen Wecker, der im Dunkeln läutete, als wäre er ein altes Telefon aus einer anderen Welt, und holte August am Ende einer Nacht an seiner Theke im Gastzimmer ab. Dann spazierten sie Hand in Hand durch den feuchten, frühen Morgen, und er trug die Gerüche der Gäste in den Kleidern mit sich fort, als hätte er sich ihre Ausdünstungen wie einen Mantel übergeworfen, ihren mit den Stunden und dem Wein verdorbenen Atem, die beißenden, chemischen Odeurs der Süchtigen, die sich ihr Gift aus dem Leib schwitzten, den wie ein Wetter im Raum hängenden Rauch, den Mief der Müdigkeit, den Brodem eines langen Abends. Die Vögel sangen ihnen das erste Licht herbei. Sie fühlten sich wie auserwählt in der großteils noch unerwachten Welt, sahen sich mit weit aufgerissenen Augen an auf ihrem Heimweg, legten sich gemeinsam in das Bett neben dem Herd und versuchten, in den Schlaf zu fallen, während die Nachbarn ringsum in der Siedlung aus dem ihren hochfuhren. Später gab es das Grau der Stadt, den schmalen Ruhm des Tages, die Erlösung der Helligkeit, die durchs Fenster fiel, und Johnny Cash, der vom alten Plattenspieler sang *One sunny morning we'll rise, I know*.

Wenn ihnen Augusts Zimmer zu klein wurde, verbrachten sie ihre Zeit bei Ava. Ihr Atelier lag in einem Gebäude, das als Fabrik zur Herstellung von Insektenpulver und Mottenkugeln, die einst in die ganze Welt von Istanbul bis nach Philadelphia verkauft worden waren, gedient hatte und in dem noch heute in heißen Sommern Pelze und Teppiche im süßen Geruch der Mittel lagerten. Es war ein hoher, kaum unterteilter, abgewohnter Raum mit Dachbalken und mit einer Küche so klein, dass kaum die Kaffeetassen darin Platz fanden, überdacht von einer

Galerie mit einem schiefen Bett, von dem aus man in die Tiefe blickte. Ein Ofen nicht größer als ein Koffer stand auf dünnen Beinen schwarz in einer Ecke. In der Miniaturküche mischte Ava abends gerne eiskalte Martini-Cocktails, und gleich neben Kühlschrank und Herd war eine Dusche eingebaut, so dass man auch nackt während der Leibwäsche mit dem Kochlöffel in einem Topf hätte rühren können. Immer roch es ein wenig nach Farbe und gebratenen Eiern. Vor den Fenstern wuchs ein Kirschbaum, der im Frühling weiß sternend blühte wie das All, so voll von Insekten, dass einem unter ihm stehend war, als befände man sich in der Mitte einer summenden, außerirdischen Glocke, überstülpt vom Lärm der Flügelschläge. Riesenhafte Graphitstiftzeichnungen und großflächig bemalte Leinwände hingen an den Wänden oder lagen auf dem Arbeitstisch, der sich durch den rechteckigen Raum streckte. Es war ein verrückter Ort, der Avas Wesen entsprach, aber da August an verrückten Orten groß geworden war, fiel ihm die Ungewöhnlichkeit kaum auf.

Um Geld zu sparen, arbeitete sie nicht nur in dem Atelierraum, aber lebte auch darin. Ava malte Häuser und Tiere. Alles war voller Studien von lauernden, wartenden, schlafenden Füchsen und Affen und Wölfen, sie bedeckten die Mauern wie Tapeten. Fische und Vögel teilten sich den Platz an den Wänden mit Gebäuden aller Art, Hütten, Villen und Doppelhaushälften, die zwischen den Flügeln und Flossen der Lebewesen hervorwuchsen. Riesige Falter mit Leibern dünn wie Zigaretten flogen über Barockkirchen, winzige Krokodile lebten in Palästen aus Lehm. Ein Bär saß in einem Wohnzimmer, ein Hund stand auf dem Dach eines Herrenhauses, ein Löwe schlief von zwei Menschen bewacht in einem Himmelbett. Schön waren diese Tiere und Häuser an den Wänden. Wenn man sich umsah, glaubte man einen Moment, das Atelier sei eine rettende Arche Noah, aber schaute man genauer hin, war jedes Tier allein, das einzige seiner Art im faunischen Wimmelbild. Nur selten tauchte der Mensch in diesem wilden, einsamen Zoo auf, mal fraß er ein Tier, und mal wurde er von einem gefressen, und stets blieb August vor einer Zeichnung auf Augenhöhe stehen, auf der man sah, wie nackte Frauen mit geöffneten Bäuchen in ihre Eingeweide griffen und einem Schwarm Pelikane ihr Inneres fütterten. Von Kunst hatte er keine Ahnung, aber so manches Bild erinnerte ihn an eines, das er schon im Traum gesehen hatte. Auch die Szenen, die der Tradition mittelalterlicher Tierprozesse nachempfunden waren, faszinierten ihn, in denen mal ein rabiates Schwein vor Gericht stand, mal ein römischer Hund auf dem Kapitol gekreuzigt wurde oder gegen die Maikäfer, die wie Sturm und Hagel die Felder verwüsteten, ein Bannspruch erlassen wurde. Die Blicke der Verurteilten, die ihrer Natur wegen angeklagt waren und eine Strafe für eine Tat, von der sie nichts wussten, empfingen, rührten ihn ein ums andere Mal. Er dachte an die Hunde seiner Kindheit, die schon die Liebe, mit der sie überschüttet worden waren, nicht verstanden hatten, und wie verwirrt wären sie erst von etwas Bösem gewesen, das ihnen plötzlich zuteilgeworden wäre. Am meisten aber mochte August Drach die friedlichen Tierbilder, die fast wie Photos wirkten und an denen auch der städtische Zoo Gefallen gefunden hatte, so dass er einige für die riesenhaften Schautafeln bei den Gehegen in Auftrag gegeben hatte. Auch eine wohlhabende Frau hatte Ava einmal dafür bezahlt, das Krankenzimmer ihres siechen Vaters mit Vögeln zu bemalen. Ein Gewimmel aus Papageien und blauen Krontauben, Kormoranen und Hornschnäbeln und flammenden Goldlaubenvögeln, die aussahen wie ein Feuer in Tiergestalt, hatte sie sich für den einstigen Hobbyornithologen gewünscht, bis der Kranke inmitten eines Vogelschwarms lag. Ein Dodo blickte auf ihn herab vom Plafond, einem Auferstandenen, einem Heiligen gleich, und so hatte der Raum etwas eigenartig Sakrales, und wann immer Ava ihn betrat, um eine Arbeit fertigzustellen, fragte sie sich, ob, würde der alte Mann sterben, auch die Vögel von den Wänden verschwänden, sich mit einem großen Flügelrauschen erhöben und durch das stets gekippte Fenster davonflögen. Sie war froh darüber gewesen, dass sie die Tiere zu ihm bringen konnte, denn sie wusste, dass den meisten Kranken nur die Vögel in den Bäumen blieben, die, je dringlicher jene sie mit Blicken zu erhaschen versuchten und sich wünschten, dass sie näher kämen, nur umso höher in den Himmel davonstiegen.

Die zurückgelassene Katze versteckte sich gerne zwischen den anderen Tieren des Ateliers, lag still auf einem Regalbrett zwischen den Hundertschaften aus Körpern und Augen, getarnt mit ihrer Reglosigkeit, so dass August sie nicht immer fand. Ava achtete ängstlich darauf, dass der Kater nicht durch ein offenes Fenster verschwand, denn in der Nachbarschaft war es in den letzten Jahren zu einigen unangenehmen Vorfällen gekommen: Ein Hund war mit zusammengebundenen Pfoten, gefesselt wie ein Mensch, ertrunken in einem Brunnenschacht gefunden worden, ein Kätzchen kam verstört und mit kahlrasiertem Bauch wieder nach Hause, einem anderen hatte der Besitzer in letzter Sekunde noch einen als Wurst verkleideten Giftköder aus dem Maul ziehen können. Sie fände es nichts als grausam, dass sich in etwas Schönem, das man unerwartet fand, der Tod verbarg, sagte sie oft zu August, während sie ihren schwierigen Mitbewohner streichelte, als ließe sie der Gedanke an diese Ungerechtigkeit der Welt, aus der sie sich sonst nicht viel machte, nicht los.

Tiere zu quälen war auch August unbegreiflich. Er dachte daran, wie selbst der Vater sie stets mit Zärtlichkeit angefasst hatte und wie er an sie geglaubt hatte, mehr als an jeden Menschen, und wie er dabei vergessen hatte, dass die Tiere selbst an nichts glaubten. Nie hätte er ihnen etwas zu leide getan, aber was er, wenn er am Küchentisch von den Gräueltaten in der Zeitung las, mit ihren Peinigern anstellen würde, bekam August bei jeder Gelegenheit zu hören. Obwohl er wusste, wozu der Vater mit seinen kleinen Händen imstande war, zweifelte er stets daran, dass er einen Fremden angreifen würde, hätte er die Möglichkeit dazu. Für die Gewalt des Vaters musste man einander nahestehen, vom gleichen Schlag sein, er meinte es persönlich: Man musste um seine Zuneigung buhlen, scheitern, so lange Fehler machen, bis einem als Trost nur die Intimität der Zerstörung blieb. Dass der Vater seine innere Gebücktheit an einem Unbekannten aufrichtete, konnte sich August nicht vorstellen, denn ohne den Schutz des Alltäglichen, das die eine Tat zwischen vielen anderen verbarg, fehlte ihm der Mut zum

Bösen, zum Herausragenden. Er hasste sich selbst nicht konsequent genug, war nichts weiter als ein gewöhnliches Arschloch. Schon bevor er das Falsche tat, wollte er, dass ihm verziehen wurde. Er brauchte den Mantel des Schweigens, der daheim an der Garderobe zwischen den anderen Jacken und Westen hing, benötigte die vier undurchsichtigen Wände des Hauses, die die Welt von ihm fernhielten, und die behauptete Normalität, die ohne Welt in diesem Haus herrschte. Es war die Wohlfühlzone der Gewalt. Er musste seine Fausthiebe und Bauchtritte eingliedern in deren Inneres, unauffällig wie Trödelware zwischen die alten Möbel stellen, als wäre sie immer schon da gewesen. August erinnerte sich, dass der Vater manches Mal nach einem Ausbruch in die Badewanne stieg und wie er dann durch die angelehnte Tür die weißen, kindlichen Füße des Vaters über den Rand ragen sah, mit weichen Zehen, gekrümmt, als würden sie Geige spielen, und daran dachte, dass man jeden Menschen im richtigen oder im falschen Moment für vollkommen harmlos halten konnte.

Damals glaubte er noch, dass man die Vaterliebe mit dem richtigen Verhalten entstehen lassen konnte, aber es war eine unvorhersehbare Liebe, die keiner Gesetzmäßigkeit folgte, auf die man hoffen konnte. So war August Drach ewig verunsichert. Es gab keine Verlässlichkeit, nur den Zufall. Als er verstand, dass er es nicht vermochte, die Zuneigung des Vaters herbeizurufen, dachte er, es stehe zumindest in seiner Macht, die Wutausbrüche zu verhindern – aber auch daran scheiterte er. Nur die Mutter bot ihm auf ihre Art und Weise Stabilität: Für ihre Liebe reichte es aus, wenn er ihr in einem

Augenblick der Schwäche, der inneren und äußeren Geschlagenheit, gegenüberstand.

Nun liebte er das erste Mal in seinem Leben eine Frau, und auch der wollte er es recht machen, auch ihr Herz mit dem richtigen Wort, der angemessenen Geste gewinnen. Keinen einzigen Fehler wollte er sich erlauben. Obwohl er Ava um jeden Preis gefallen wollte, befiel ihn schnell eine eigenartige Hemmung, sie mit den maßgeschneiderten, prachtvollen Lügengeschichten, die er Nacht für Nacht seinen Gästen und Opfern erzählte, zu belästigen. Es war ihm zuwider, sie mit einem Schicksal zu rühren, das es nicht gab. Er fühlte, ein Kartenhaus ist kein Zuhause. Erstmals war er unsicher, was sein Gegenüber von ihm hören wollte, welche der zur Verfügung stehenden Antworten Ava sich auf die Fragen nach seinem früheren Leben und jetzigem Ich gewünscht hätte. Wie er den Mantel und die Gerüche der Nacht ablegte, hängte er darum daheim bald auch die Kostümierungen, mit denen er das magere Dasein ausstattete und aufputzte, fort und hielt seine Zunge im Zaum. Und schließlich: Was war eigentlich wirklich passiert, was war geschehen in all diesen Jahren? Warum war der Vater fortgegangen? Wieso war er, August, stets krank und plötzlich gesund gewesen? Aus welchem Grund fehlte die Mutter ihm nie und gleichzeitig wie nichts sonst? Er stolperte über seine eigenen Gedanken, ohne je eine zur Frage passende Antwort zu finden. Verwirrt sah er auf seine Jugend wie auf ein flirrendes Fehlersuchbild, dessen Abweichungen er nicht auf die Spur kam, da er kein Original zum Vergleich besaß. Nur nichts falsch machen, rief er sich selbst zu, nur nichts Falsches sagen! Deshalb blieb er Ava gegenüber öfter als nötig stumm. Er verschwieg sich selbst. Fast war es, als habe er über die Lügen am Tresen auch die paar persönlichen Wahrheiten, die er kannte, zwar nicht ganz vergessen, aber verlernt, auszusprechen, ohne auch sie als zu klein und kümmerlich, als falsch wahrzunehmen.

So kam es, dass er von seiner kränklichen Dorfkindheit kaum etwas preisgab, auch nicht erzählte, wie er ihr mit einem Schlag durch die Fügung des Schicksals entwachsen war. Um Avas Bedürfnis, mehr und mehr von ihm zu erfahren, zu stillen, griff er zu den wenigen Geschichten, die er nach seinem Umzug in die Stadt erlebt hatte und die er für zuverlässig und eindeutig hielt. Nach dem zweiten Glas Bier berichtete er ihr beispielsweise gerne von den Toten, mit denen er die ersten Wochen verbracht hatte, als er in der Stadt angekommen war, und von denen er nicht wusste, wie sie gelebt hatten, nur wie sie gestorben waren. Er erzählte ihr alles, was ihm zu ihnen einfiel, versuchte sich an jede Einzelheit zu erinnern. Wie sie erlöst oder enttäuscht in ihrem nutzlos gewordenen Körper gelegen hatten. Wie sie seine ersten Bekannten und Unbekannten gewesen waren. Wie er sie in seiner Überforderung hatte trösten wollen, ihnen übers Gesicht streichen und sagen, dass alles wieder gut würde. Wie ihn nie das Alter oder die Einsamkeit der Leichname davon abgehalten hatte, aber vor allem die Versehrtheit jener, die Gewalt erlitten hatten, weil er fürchtete, er könnte ihnen mit der flüchtigsten Berührung, in die sie nicht mehr einwilligen konnten, noch einmal weh tun. Wie er auf ihren kaputten Leib gestarrt hatte, auf die glatten, augenförmigen Kanäle der Stichwunden, auf die Drosselmarken und Monokel-Hämatome, die Schwellungen ihrer Gesichter, auf die Einblutungen der verfärbten Haut und die Abwehrverletzungen an den Händen und Unterarmen, die sie im letzten Augenblick vergeblich schützend vor sich gehalten hatten. Wie es ihn überrascht hatte, dass manchmal nur ein beschriftetes Plastiksäckchen in einem Kellerregal übrig blieb von einem ganzen Menschen, den man nicht identifizieren konnte, nichts als eine Gewebeprobe von einem, den keiner genug vermisste, um nach ihm zu suchen. Wie er jeden Tag auf sie getrunken hatte, weil er es vom Vater so kannte, und die letzten Tropfen für die Toten dort, wo er gerade stand, verschüttet hatte, auf den Holzboden eines Lokals, den Teppich vor dem Bett oder ein Stück Wiese.

Seine Gedanken über die Toten mit Ava zu teilen fiel August leicht. Er hielt sich sorgfältig an die Fakten, und es war, als sei er sich bloß dieser Erzählung ganz sicher, als schiene ihm nur der Tod so übermächtig und verlässlich und beeindruckend genug, dass man guten Gewissens über ihn sprechen konnte. Er fühlte: Durch sein Ende wurde jedes noch so langweilige Leben im Nachhinein automatisch zu etwas Besonderem. Nur das Rätsel, was jenen alten Mann damals dazu gebracht haben mochte, sich die Pulsadern aus seinem Fleisch zu reißen, trieb ihn immer und immer wieder um, und oft fragte er Ava in einem unpassenden Moment, was sie zu dieser Tat und zu diesem Tod dachte. Die presste die Lippen schmal, als wäre es nicht schicklich, zu antworten. Dann erinnerte sich August, wie es auch auf den Begräbnissen im Dorf früher stets geheißen hatte, dass man über die Toten nur Gutes sprechen solle, aber kaum hatte einer den Mund aufgetan, war nur das Schlechteste herausgekommen, getarnt als eine gönnerhafte Absolution, die dem Dahingeschiedenen – trotz seiner zahlreichen Verfehlungen zu Lebzeiten – nichts als das Beste im weit entfernten Himmelreich wünschte. Man warf den Toten die Richtersprüche hinterher in die Grube mit den Brocken jener Erde, von der man hoffte, sie möge ihnen leicht sein, und stets hatte er als Kind damals auf dem Friedhof mit Schrecken daran gedacht, wie tonnenschwer sie bald auf dem zu Grabe Getragenen lasten würde, wie sie auf seiner Brust und den Augen und Beinen als unüberwindbares Gewicht läge, wie noch die Berge der Gegend selbst eilig heranrücken würden, um ihn für immer niederzuhalten.

August Drach aber fühlte sich leichter, seit er Ava kannte. In ihrer Gegenwart schien er zu einem anderen zu werden. War sie fort, fiel die Welt aus dem All. War sie da, gelang der Tag. Alles an ihr erlöste ihn ein wenig, es war, als machte die bloße Beschaffenheit ihres Wesens das Unerträgliche erträglich. Schon die Form ihrer Fußknöchel beglückte ihn, ihre Haut wie die einer Frucht, dass sie mit dem schweren Atem eines Mannes schlief und in der Dusche pinkelte, dass sie unter der kleinen Brust *EWIGER SOMMER* in noch kleineren Buchstaben tätowiert hatte. Ganz und gar wollte er sie, und es kam vor, dass er nachts davon träumte, wie er, August, sie in einem Unwetter auf offener See verschlang wie der Wal Jona, um ihren schmalen Körper in seinem Inneren zu bergen und fortan vor dem rauen Meer und der Welt zu beschützen. Er liebte sie frenetisch, war wie besessen, wurde beinahe selbst verschluckt von der Raserei seines menschenfressenden, sich alles einverleibenden Herzens. Er erlebte die Tage wie ein Wunder. Wie sie ihm nah, aber nicht zu nah kam. Wie sie ihn liebte, ohne dass etwas Schlimmes geschah. Wie er sie liebte, ohne dass etwas Schlimmes geschah. Wie er dabei glücklich wurde. Wie sich sein Blick auf die Welt verkehrte: Hatte er früher jeden Glücklichen angesehen wie einen Fremden, unverwandt, unähnlich, wie den Angehörigen einer anderen Gattung, einer anderen Welt, blickte er nun auf dieselbe Art und Weise auf die Unglücklichen.

Oft saßen August und Ava, während sie sich unterhielten, Hand in Hand auf dem brüchigen Beton der Dachterrasse des Häuserblocks, thronten auf vom Wetter porösen Möbeln zwischen blühenden Satellitenschüsseln oder lungerten auf einem Stoffsofa, das in der Sonne erblasst war. Sie hielten einander fest und lachten, und der Rauch ihrer Zigaretten stand als winzige Wolke über der Stadt. Gerne beobachteten sie die unter ihnen auf der Straße vorüberwandernden Menschen. Zum Spaß lasen sie die Gesten und Gesichter der Leute in Puppengröße aus der Ferne, machten sich über ihre Eigenheiten lustig, ahmten den hinkenden Gang einer alten Dame nach oder einen Herrn, der an jeder Ecke den Hut zog, als grüßte er die Unsichtbaren. Ein Mädchen mit hüftlangem Haar lief im Zickzack umher und versuchte, in den Seitenspiegeln der parkenden Autos und der Reflexion jeder Fensterscheibe einen Blick auf sich selbst zu erhaschen, als wollte es prüfen, ob es denn wirklich auf dieser Welt, in dieser Straße zu Hause war. Ein dicker Mann im blauen Pullover ging, als würde er eislaufen, die Arme rudernd ausgebreitet wie kurz vor dem Fall. Ein dürrer Jugendlicher sah aus, als hinge nicht seine Kleidung, aber sein ganzer Körper ohne ein Inneres auf einer Wäscheleine. Die einen schwiegen, in sich selbst eingestülpt, von der eigenen Abwesenheit umhüllt, die Nächsten telefonierten so laut, dass man noch hinter der nächsten geschlossenen Tür für ein paar Sekunden Teil des fremden Gesprächs und des fremden Lebens war. Manche blickten sich nervös um, andere hatten für nichts und niemanden Augen. In einem selbsterfundenen Spiel suchten August und Ava unter den Fußgängern nach den am unglücklichsten Aussehenden, hielten Ausschau nach den größten Pechvögeln, die sie aus der Ferne ausmachen konnten, kürten schließlich den Verzagtesten, der vorüberkam, zu ihrem traurigen König und taten lachend, als verbeugten sie sich in seine Richtung. Wenn sie die Unglücklichen sahen, waren sie besonders glücklich, als versicherte ihnen die Welt für einen Moment den alles entscheidenden Unterschied. Sie zeigten mit dem Finger auf die Prozessionen der vorbeiziehenden Menschlein, denen sie auf den Kopf sahen, riefen begeistert: Schau, der im zerrissenen Mantel aus Nadelstreif auf dem Gehsteig! Schau, die mit den roten Augen vor der Arztpraxis! Wenn sie die Patienten beobachteten, die dort heraustraten, stritten sie regelmäßig, wer wohl wehmütiger war, die, die nicht sterben wollten, aber mussten, oder die, die nicht leben konnten und ihrer Existenz doch nicht auskamen. Jedes Mal waren sie sich uneinig, woran man denn nun die Traurigkeit über den Tod und woran man die Traurigkeit über das Leben erkannte, und während August vermutete, es seien die nach innen oder die nach außen gerichteten Blicke, meinte Ava den Unterschied in der Wachsamkeit der

Menschen zu erkennen, denn die, die den Tod fürchten, sagte sie, hielten immer Ausschau nach ihm. Weil es aber unüberprüfbare Befunde aus der Ferne waren, gab es keinen Gewinner bei diesem Spiel, und als August einmal doch übermütig auf die Straße stürzte und einem der Auserwählten hinterherlief, um sich nach seinem Befinden zu erkundigen, antwortete dieser, überrascht von der Frage eines Fremden, wie es ihm denn gehe, nur mit Ja. Fast lachten sie sich kaputt.

Wenn sie so miteinander saßen, wünschte August den leichtfertigsten aller Wünsche: dass es für immer so sein sollte. Die Vorstellung, dass Ava ihn vielleicht einmal verlassen könnte, war so schmerzhaft, dass er manchmal dachte, wenn es denn so kommen sollte, möge es so schnell wie möglich eintreten, da ihm nichts unerträglicher schien, als auf das Unerträgliche warten zu müssen.

Abends kamen auch die anderen aus der Siedlung auf die Dachterrasse. Die Hausbewohner stiegen die Treppen hoch, brachten ihre Klappstühle, saßen auf Matratzen und umgedrehten Kisten, auf dem warmen Boden und starrten in den Sonnenuntergang über den grauen Dächern. Man trank Bier und Gebrannten aus dem polnischen Geschäft an der Ecke, öffnete die Flaschen an der Kante der Brüstung. Wenn es spät wurde, brannte ein Feuer in einem metallenen Eimer, als könnte man es, wenn man nur wollte, über der ganzen sich schwarz färbenden Stadt ausschütten. Alle trafen hier zusammen. Während die Erwachsenen um das Licht saßen, spielten die Kinder die Spiele der Dunkelheit, krochen in eine Welt hinter der Welt, die nur ihnen zugänglich war, und wurden zu Gespenstern, die krakeelend und unsichtbar durch die Finsternis jagten. Mit weit aufgerissenen Augen liefen sie umher und waren ganz beschäftigt mit der Wahrheit fremder Dinge, nach denen sie im Schutz der Nacht griffen. Wenn es lustig wurde, warfen die jungen Männer die kleinen vom Tag übrig gebliebenen Münzen im Feuerschein hoch, fingen sie mit dem Mund auf und verschluckten sie unter den Anfeuerungen der anderen Betrunkenen. Essen wurde in hochwandigen Töpfen herumgereicht, in denen eine Handvoll Gabeln steckte. Es roch nach verbranntem Papier und gekochtem Reis. Abseits hielt eine Alkoholkranke mit langem Haar Hochamt, betete das Vaterunser so laut, dass man es noch im Himmel hören konnte, oder rief den Beisammensitzenden allerlei Schimpfwörter zu, stets die Schnapsflasche in der Hand wie einen Gegenstand der Andacht, der sich leerte, wenn die Ergriffenheit stieg. Die antworteten als lallender Chor durch die Finsternis auf jede *Hure* und auf jedes *Dreckschwein* mit *Amen* im großen Gebet. Eine Frau mit Demenz saß im Jogginganzug im Rollstuhl neben ihrem Sohn, der ihr alle halbe Stunde die Hand auf das magere Knie legte und sie aufforderte, an einer Zigarette zu ziehen, seit die Alte begonnen hatte zu vergessen, dass sie ihr Leben lang ohne Unterlass zur Entspannung geraucht hatte. Immer sah der Mann müde aus und sehr beschäftigt mit seinem Einspruch gegen die Vergesslichkeit, der Sisyphusarbeit zur Erhaltung ihrer Persönlichkeit. Während die Übrigen laut redeten, sahen August und Ava ihm meist beim Schweigen zu.

Hin und wieder wurden die untereinander geführten Gespräche zu einer Geschichten, der alle lauschten, aufmerksam geworden von einem Satz, der plötzlich bedeutsamer schien als der eigene. Manch einer zog seine Lebensgeschichte aus der Rocktasche der beschwipsten Seele und gab begeistert das Schlechteste, was ihm je passiert war, zum Besten. August fragte sich oft, warum keiner je so inbrünstig vom Paradies sprach, keiner mit seinem schönsten Augenblick und der großen Liebe prahlte, aber er wusste selbst, dass erst Versagen und Verlust eine Biographie erzählenswert machten. Vielleicht aber überfiel die Männer und Frauen auch nur jene Melancholie, die der Mensch auf Dächern spürt, die komische Wehmut der Höhe, in der man nicht nur auf die Straßen, aber auch auf sich selbst herunterblickte: Sie fühlten die Drehung der Welt, die winzige Bewegung des Ichs durchs übergroße Universum. So war es in manchen Nächten ein grandioser Wettbewerb, in dem sich plötzlich ein jeder zu einem tragischen Helden der Ereignisse machte. August Drach hörte aufmerksam zu, dachte an seine eigenen nächtlichen Lügenmärchen an der Theke, sein beschädigtes Wahrheitsgefühl und war sich nicht sicher, ob er einem anderen alles oder nichts glauben sollte von dem, was er erzählte. Er ahnte bloß, dass jeder Held, um einer bleiben zu können, nichts dringender brauchte als Nachsicht mit seiner Geschichte, Nachsicht von sich selbst, seinen Zuhörern, sogar eine von jenen, die er im Laufe eines Lebens glaubte gerettet zu haben.

Die Geschichte des alten, kahlköpfigen Mannes, den man in der Siedlung nur den Mörder nannte und von dem man sich erzählte, er habe einen Menschen mit bloßen Händen und Füßen umgebracht, blieb August Drach vor allen anderen in Erinnerung. Oft sah er den Alten auf der Bank vor der Garagenkapelle lagern, mit dunklen, von einer riesigen Iris ausgefüllten Augen und sonnenverbrannter Haut, so dick, dass sie einer Schale glich. Jenen, die stehen blieben und sich mit ihm unterhielten, zeigte er das Photo seines eigenen schmalen Bubengesichtes, das er stets mit sich trug und aus seiner Geldbörse zog, als wäre es ein Ausweis, ein Beweis, dass auch er einmal ein anderer war. Erst in einer der Nächte auf dem Dach erfuhr August von dem Leben, das sich hinter den Bildern und Gerüchten verbarg.

Herr Sappara trug eine lachende Nastassja Kinski mit üppigem Haar auf dem Oberarm, die übrigen mit Ruß und Stecknadel gestochenen Tätowierungen waren verblasst, eine hatte er sich mit Salz wieder heruntergebrannt, indem er die Haut so lange ab- und wundrieb, bis das Bild verschwand und nur ein heller Fleck mit ein paar Linien zurückblieb. Er sah sich selbst als jemanden, der es spät zum guten Menschen gebracht hatte. Er mochte Schnittblumen und Hunde und glaubte nicht ans Böse, nur an Grausamkeit – um einen anderen zu vernichten und um sich selbst zu retten. Beinahe vierzig Jahre seines Lebens hatte er im Gefängnis verbracht, bevor er als alter Mann eine kleine Wohnung in der Siedlung bezog. Ungeübt im alltäglichen Leben, hatte er nach jeder abgesessenen Strafe und auf jedem Freigang sturzbetrunken augenblicklich zum Falschen etwas Falsches gesagt oder einem Fahrkartenkontrolleur in der Straßenbahn gleich mit einem Halsstich gedroht und war schnell wieder im Gefängnis gelandet. Der strengen Logik des Misslingens verpflichtet, war er stets bloß im Kreis gegangen; während der erste Schritt noch in die Freiheit führte, trug ihn der zweite bereits in die Zelle zurück.

Der Bub auf dem Photo, das Herr Sappara Tag für Tag vorzeigte, war nie bloß einfach ein Kind gewesen: Er war ein armes Kind, das zehnte Kind, Kind in einem Haus, in dem es kaum zu essen, aber immer zu saufen gab, ein Heimkind später, ein Fürsorgekind ohne Fürsorge. Ein kleiner Körper, der immer ungeschützt, bedroht, berührt war. Nur wenn er schwieg, konnte er sich Hoffnung machen, zu entkommen und irgendwann wieder in das ärmliche Zuhause zurückzukehren, aus dem er fortgeholt worden war.

Die Sucht trat er – noch halb Kind – an wie ein Erbe, weil manches Leben nur mit neun Dosen Bier am Tag zu ertragen war. Die allererste Frau, die er liebte, wurde von ihrem Onkel auf dem Fensterbrett der Waschküche vergewaltigt, und er wurde über Nacht zu einem Menschen, der einem anderen, ohne nachzudenken, den Schädel eintrat. Und auch die silbernen Gabeln und Löffeln des Toten mitnahm.

Wenn Herr Sappara den Tathergang erzählte, wechselte er in die Sprache der Juristen, benutzte nicht seine eigenen Worte, aber das Vokabular aus den Akten. Als die Zuhörer auf der Terrasse wissen wollten, wie es denn nun aber sei, einen Menschen getötet zu haben, sagte er, dass man intuitiv wisse, wenn jemand nicht mehr lebe, dass sich Schlaf und Tod und Ohnmacht auf eindeutige Art und Weise in der Atmosphäre eines Raumes unterschieden. Als er damals die Aufnahmen des Tatorts gesehen habe, habe er nicht glauben können, dass wirklich er für die Zerstörung, das Blut, die Knochensplitter, das geschwollene Fleisch des Mannes verantwortlich sein sollte, und die Mappe mit zitternden Händen zugeschlagen.

Manchmal gibt es kein Zurück, manches kann nie wieder nicht passiert sein. Der Tod ist und bleibt absolut und unumkehrbar. Die eigenen Hände werden nicht mehr sauber, sooft man sie auch wäscht. Nichts bleibt unberührt von der Erschütterung. Alles versäumt man im Gefängnis, auch ein Mensch mit einer Identität zu werden, die mehr ist als sein größter Fehler. Erlösung gibt es bloß in einem unaufhörlichen Neuanfangen. Nur die ernste, verzweifelte Reue steht als Barriere zwischen der Vergangenheit und der Gegenwart und versucht, sie voneinander fernzuhalten.

Im Laufe der Jahre war Herr Sappara aber auch Männern begegnet, die, wenn man sie danach fragte, nichts anderes empfanden als einen eigenartigen Stolz auf ihr Handeln, die den Tod ihrer Exfrauen, Nebenbuhler oder pflegebedürftigen Großeltern bloß als konkrete Lösung für ein konkretes Problem verstanden. Sie fühlten erst das Recht, es zu tun, und dann den Hochmut, unter widrigen Umständen das Richtige getan zu haben. Es war das Glück der schlechten Tat, ein selbstherrlicher, geheimnisloser, eliminatorischer Hass, den selbst der Tod nicht tilgte. Dass sie die unkomfortablen Konsequenzen zu tragen hatten, tat ihnen leid, und sie sich selbst auch, aber nicht das Verbrechen, und hätte ihnen eine höhere Macht angeboten, in einer Wunderbringung diese Toten auferstehen zu lassen und die Gewalt gegen sie ungeschehen zu machen, hätten sie empört abgelehnt. Sie waren zufrieden mit ihren Entscheidungen. *Eine Ruh' ist!*, hatte einer seiner Mitinsassen zu seiner Frau gesagt, bevor er ihr die Kehle durchgeschnitten hatte wie einem Schwein auf dem Bauernhof seiner Mutter, und behauptet, dass nicht nur die Nachbarn, aber auch die kleinen Söhne voller Verständnis gewesen wären für sein Handeln, war die Ehefrau doch rundum bekannt für ihre Keiferei. Mit großen Gesten zeigte er den anderen, wie sie, als sie verstand, dass er sie töten wollte, noch etwas hatte sagen wollen, wie er die Frau, die vor ihm kniete, erst an den langen Haaren hochgehalten und ihren Körper dann wie an Schnüren auf den Boden hatte sinken lassen. Obschon er Sportschütze gewesen war, hatte er zum Messer gegriffen, denn die Kugel – so verriet er es Herrn Sappara im Vertrauen – hätte ihn gereut, um die wäre es ihm leid gewesen.

In einem der verschiedenen Therapieprogramme musste Herr Sappara einmal gemeinsam mit anderen Männern, die vor allem Delikten häuslicher Gewalt schuldig gesprochen worden waren, auf großen Tischen Papierkärtchen mit Begriffen auflegen. Als wären sie Sprachlose, Abc-Schüler, Tafelklassler des Terrors, beugten sie sich über die Kärtchen. Auf jedem stand ein Wort: *schlagen* konnte man da lesen, *treten, ohrfeigen, beißen, kratzen, schubsen, quälen, würgen* – alles, was man einem Menschen antun konnte, war auf ihnen vermerkt. Fragte der Therapeut in die Runde, warum sie hier seien, ob jemand Gewalt ausgeübt habe, schüttelten die meisten Männer, den Vorwurf empört von sich weisend, den Kopf. Erkundigte er sich aber, ob der eine oder der andere vielleicht seine Ehefrau gestoßen oder gewürgt, zu Boden geworfen, an den Haaren gerissen oder so festgehalten habe, dass sich Blutergüsse unter seinem Griff gebildet hatten, nickten einige ohne jedes schlechte Gewissen und zeigten auf das entsprechende Kärtchen. Das, ja, das schon. Schlussendlich war es ein Memory, in dem sich keiner erinnern wollte. Viele wollten sich selbst nicht wahrhaben. Die Täter übernahmen keine Verantwortung, die meisten sahen sich selbst als Opfer, schwammen nicht nur im Selbstmitleid, aber gingen darin unter wie ein Stein. Herr Sappara hatte sich selbst am Ende der Stunde ein Kärtchen mit dem Wort *töten* gebastelt und ratlos darüber geweint.

Was denn mit der Frau, die er geliebt und gerächt hatte, geschehen sei, fragte Ava Herrn Sappara auf dem Dach neben dem Feuer und drückte Augusts Hand. Die habe sich umgebracht, als er ins Gefängnis ging, war zerbrochen wie ein Wasserglas, an ihrer Scham und seiner Härte, die er nicht nur ihren Peiniger, aber auch sie selbst hatte spüren lassen, indem er ihr nach der Tat unerbittlich ins Gesicht schwieg. Die einzige Liebe, die er später noch übrig hatte, war für eine Tochter, die er kaum kannte, gezeugt während eines seiner kurzen Aufenthalte in der großen Freiheit. Als er der gespannt lauschenden Runde mit gesenktem Kopf erzählte, wie er das Mädchen einmal im Bus angesprochen und ihm eine abgegriffene Photographie gezeigt hatte, auf der die jüngere Fassung seiner selbst ein kleines Kind auf dem Arm hielt, und die junge Frau den ihr Fremden entsetzt gefragt hatte, *Warum haben Sie ein Kinderphoto von mir?*, waren plötzlich alle unangenehm berührt von der zarten, übergroßen Traurigkeit des Mörders. Ratlos blieben die Leute zurück mit diesem eckigen, sperrigen Schicksal, das den Gerechtigkeits- und den Ungerechtigkeitssinn des Menschen strapazierte und auch jenen für das Mitleid überlastete. Definierte den Menschen nur sein schlechtester Moment, oder war er mehr als das? Sie wussten nichts anzufangen mit dieser Geschichte, in der man doch unversehens mitlitt, wenn dem Bösen selbst Böses widerfuhr. Sie schauten ihren Nachbarn mit großen Augen an und boten ihm Wein, Bier und Schnaps an, was er mit der Begründung ablehnte, würde er auch nur einen einzigen Schluck nehmen, könne er auch gleich wieder zurück ins Gefängnis gehen. Das Böse hatten sich die meisten der Zuhörer sowohl unkomplizierter als auch unterhaltsamer vorgestellt, und so schwiegen sie nun eines Besseren und eines Schlechteren belehrt in sich selbst hinein, und nur die Frau, die alles vergaß, bat in der betretenen Stille plötzlich um eine Zigarette, bevor die Gespräche hier und dort wieder aufflackerten und das Erzählte sich langsam in der Nacht auflöste. August und Ava tauschten einen verschwörerischen Blick, der besagte, hätten sie Herrn Sappara ein paar Stunden zuvor auf der Straße unter ihnen vorübergehen gesehen, wäre der kleine Mann, der seine Verluste in der Hosentasche trug, der große geheime Sieger ihres Glücks- und Unglücksspiels gewesen.

Als sie in dieser Nacht im schmalen Bett neben dem Herd lagen, waren sie so vorsichtig miteinander, als gäbe es nichts Zerbrechlicheres als einen Menschen. Sie berührten einander nur mit den Wimpern, den aufgerauten Fingerkuppen, den Nägeln der kühlen Zehen, weil ihnen nach dem Gehörten schon eine ganze Hand zu derb erschien. Es war, als hätte die Grobheit von Herrn Sapparas Leben eine Überreaktion der Zärtlichkeit in ihren Körpern verursacht, ein Schutzbedürfnis, ein übermächtiges Sehnen nach Unverletzlichkeit. Sie waren zwei Menschen im Fingerhut, zwei einander Schonende. Für ein paar Stunden herrschte das seltene Gleichgewicht, in dem der eine den anderen gerade so sehr brauchte wie der andere den einen, und hätte man ihre Herzen auf eine Waage gelegt, wäre das eine auch nicht ein Gramm schwerer gewesen als jenes, für das es schlug. August Drach sah in der Dunkelheit auf Avas blasse Finger, ihre rote, eingerissene Nagelhaut, und bei ihrem Anblick fiel ihm ein, wie Ava erzählt hatte, dass sie als Kind schon Schneckenhäuser repariert hatte, die kleinen zerbrochenen und eingestürzten Wohnungen der Weinbergschnecken, indem sie die Bruchstücke wieder zusammenfügte und die Tiere auf zermahlene Eierschalen setzte, damit sie ihr Zuhause mithilfe der mineralischen Stoffe selbst kitten könnten. Eingewickelt in die Bettdecke stellte er sie sich als zusammenwachsende Mosaike vor, als lebende, davonkriechende Städte, erfüllt von der eigenen Fragilität. Er liebte dieses zarte Kindheitsmärchen von Ava mit dem guten Ende, denn er wusste, dass einem, auch wenn man längst erwachsen war, oft nichts Schlimmeres passieren konnte, als an einem schlechten Tag ohne Absicht auf eine Schnecke zu treten.

Und mit Entsetzen erinnerte er sich an seine eigenen fehlgeschlagenen Versuche der Rettung, daran, dass auch er als Bub den verletzten Schnecken im Garten ein eigenes Hospital aus Eichenblättern und Tannenzapfen gebaut hatte, aber dass sie sich, nachdem er sie sorgfältig mit dem scharfen Desinfektionsmittel aus dem Badezimmer betupft hatte, bloß aufgelöst hatten unter seiner

Sanftheit und mit einem leisen Zischen verschwunden waren.

Bevor sie einschliefen, probierte August behutsam und unbeholfen alle Arten der Zärtlichkeit aus, die ihm in den Sinn und in die Sinne kamen, und hoffte dabei, dass er nichts falsch machte und die Frau neben ihm nicht verschwände. Er beschirmte sie auf allen vieren mit seinem nackten Körper, als wolle er ihr ein Dach sein, durch das nicht einmal der Herrgott sah. Melodien klopfte er auf ihr Schlüsselbein, Morsezeichen aus seinem Inneren, winzige Knochensymphonien, die in ihrem Leib verschwanden. Wie eine Murmel hielt er den kleinen Adamsapfel der Liegenden zwischen den Fingern. Mit großer Vorsicht zog er jene Haare, die beim Liebesspiel den Rücken hinabfallen und feucht von allen Körperflüssigkeiten als winziger Ballen an der Haut kleben, zwischen den Beinen hervor.

Er strich Ava mit den Fingerspitzen über die Wangen wie einem traurigen Kind, flocht ihr halblanges Haar in sein kurzes, atmete ihren ausgeatmeten Atem ein und kam sich doch ein wenig seltsam dabei vor, als handelte es sich um Verstöße gegen die Norm, ein Vergehen gegen das Alltägliche. Zärtlichkeit ist erst in der Dauer wirksam, man glaubt ihr erst beim hundertsten Mal, nur die Wiederholung verleiht ihr Gültigkeit. Und doch erlösten ihn jetzt die Gesten von der Schlaflosigkeit, die ihn sonst so oft peinigte und Körper und Geist im Loch der Nacht in kleine Stücke rieb, bis jedes Geräusch schmerzte und er meinte vor Erschöpfung in einem leeren Universum zu verwehen. Avas Anwesenheit beruhigte ihn in dieser Nacht, die Wärme, die Haut an Haut entstand, und so kam der Schlaf über ihre Leiber wie eine gewölbte Hand um ein entzündetes Streichholz. Endlich, dachte August.

VI

August Drach liebte wie ein Hund. Kam Ava zur Tür herein, freute er sich Mal für Mal, sie zu sehen, als wäre sie lange fort gewesen, auch wenn sie bloß für ein paar Minuten im Badezimmer mit sich selbst geblieben war. Die Liebe wurde ihm ein Ort, eine Adresse auf der Welt, ein Zuhause, gebaut aus den kleinen Gedanken der Zusammengehörigkeit, in dem er sich erstmals im Leben geborgen fühlte. Hätte ihn in jenen Tagen jemand gefragt, wo er wohne, hätte er, ohne zu zögern, nicht auf den Punkt einer Karte, die Biegung einer Straße, das Fenster eines Gebäudes, aber auf einen Menschen gezeigt.

Es geschah das Unwahrscheinliche: Die Liebe gelang, für ein paar Stunden erst, für Tage dann, die sich so lange aneinanderreihten, bis sie zu Monaten geworden waren. Sie heirateten auf der Terrasse zwischen den Dächern unter den feierlichen Segenswünschen der Betrunkenen und fuhren mit dem von Herrn Sappara geliehenen Wagen ans Meer, mit Liebesformeln aus Zahnpasta an der Heckscheibe, ohne einen einzigen Koffer, die Hosentaschen voll mit den kleinen Scheinen der Nachtschichten und -geschichten. Die Nachbarn und Avas Familie sahen skeptisch auf diese überstürzte Ehe, aber Ava und August winkten ab. Sie schrien: Für immer! Sie sagten: Du gehörst mir, ich gehöre dir. Stück für Stück machten sie einander vertraut mit ihren Einzelheiten, den Jubelorten der Seele und ihren Verkarstungen, dem Langweiligen, dem Kaputten und dem Unheimlichen, das jedem

Menschen zu eigen ist. Sie sagten nicht alles, gaben sich nur schüchtern preis, denn sie wollten einander nicht schlechter gegenüberstehen, als sie glaubten es verdient zu haben. Aber je öfter sie sich verstanden fühlten, mit jeder winzigen Ahnung des Erkanntwerdens stieg in ihnen das Bedürfnis nach der großen Offenbarung, nach einer Haltlosigkeit, die keine Vorsicht kannte. Bald glaubten sie alles voneinander zu wissen und vergaßen, dass jeder Mensch zu jeder Zeit ein Geheimnis mit sich trägt. Sie schwammen im Sommer, sie sahen aus dem Fenster im Winter, an den heißen Tagen schliefen sie in feuchten Hemden, die ihnen am Leib klebten, wenn es kalt wurde, saßen sie vor dem schwarzen Ofen im Atelier, sonntags deckten sie den Küchentisch mit dem schönsten Geschirr und liehen sich das Glück eines bürgerlichen Lebens. Alles schien perfekt. Nur das schmale Bett behielt August Drach entgegen Avas Wünschen, die sich nach einer größeren Schlafstatt sehnte, denn er war nicht bereit, die Nähe, zu der es einen zwang, lag man nebeneinander, aufzugeben.

Augusts Angst aber, Ava wieder zu verlieren, war auch nach der Hochzeit nicht verschwunden. Er wollte seine Frau immer bei sich haben, zu jeder Zeit wissen, wohin sie ging und mit wem. Viel zu oft rief er sie auf ihrem Telefon an, war sie nicht da. Wenn sie ihn zu Hause bloß mit einem Blick ansah, den er nicht deuten konnte, verzweifelte er und dachte, es wäre das Ende aller Dinge. Stieß sie ihn mit einem unbedachten Wort zurück, glaubte er, seine Welt gehe unter. Anfangs war Ava geschmeichelt von der Macht, die sie über August zu haben schien, und verwechselte seine nervöse Eifersucht mit Romantik, erzählte ihren Freundinnen bei einem Martini im Atelier stolz, wie sehr ihr Mann sie anbetete. Auch habe er kein Talent dafür, allein zu sein, sagte sie entschuldigend und erzählte den Frauen, wie er, wenn er etwas falsch machte, mit kindlicher Inständigkeit um Verzeihung bat, so dass sie nicht umhinkonnte, ihn für seine Fehler zu bedauern, statt zu schelten, und ihn für einen Augenblick noch mehr liebte, als sie es ohne den Missgriff imstande gewesen wäre. Manchmal versuchte er, sie während dieser selbstmitleidigen Niederlagen darüber zu trösten, dass er nicht der war, den sie verdient hatte, bis beide gemeinsam traurig wurden über dieser Selbstzerfleischung und sich bei ihnen die Ahnung einstellte, dass August zwangsläufig daran scheitern musste, den Schmerz zu stillen, für den er Verantwortung trug.

Wenn die Missstimmung andauerte, Ava unzufrieden mit ihm war, ein Streit in der Luft lag und August sich gar nicht mehr anders zu helfen wusste, wurde er krank. Er gab seinen Körper, ohne zu zögern, auf und wie als Opfergabe hin, schlug sich selbst ans Kreuz, auf die große Vergebung hoffend. Er forderte sich selbst zur Krankheit auf und aß und trank nicht mehr. Wie auf Befehl bekam er Fieber, dass es ihn in der weißen Bettwäsche nur so zwischen Himmel und Erde hin- und herriss. Es war ein Ausweg, der funktionierte, denn sofort saß Ava besorgt an seinem Bett und legte ihm die kühlen Hände auf die heiße Stirn. Dann war alles vergessen, und er nahm dankbar ihre zurückgekehrte Zuneigung an. Als er in einem Wutanfall ihr Telefon zerschlug, weil ein Mann anrief, dessen Namen er nicht kannte, und sie daraufhin für Tage nicht mit ihm sprach, kletterte er auf die Linde vor den Fenstern des Ateliers und sprang, um sie zu versöhnen, mit geschlossenen Augen aus so großer Höhe, dass er sich ein Bein brach und ein Knochen aus dem blutigen Fleisch ragte. Es war nicht der erste und nicht der letzte Unfall, den er herbeiführte, um sich ihrer Liebe zu versichern, denn wann immer er keine Lösung für eine Situation fand, flüchtete er sich in die Selbstbeschädigung, nahm Obdach in einem Schmerz, dem nicht mitfühlend zu begegnen, den anderen unabweisbar zu einem Unmenschen gemacht hätte.

Es bedurfte keiner großen Zwischenfälle, um August aus der Bahn zu werfen, schon die gewöhnlichsten Kleinigkeiten genügten, um ihn zu irritieren. Das Liebesglück, das den Dramen als Erlösung folgte, strahlte für einen Atemzug unnatürlich hell und brach dann vollständig in sich zusammen. Dass August bei allem Lebenshunger ein zutiefst unglücklicher Mensch war und Ava wie selbstverständlich zur Verwalterin seiner inneren Not machte, fiel ihr erst auf, als sie davon bereits müde geworden war. Wenn er ihr abends ins Ohr flüsterte, *sie* wäre sein ganzes Glück, schauderte es sie unversehens. Wieder war sie erfüllt von einem Mitleid, das sie schon früher im Leben manchmal mit Liebe verwechselt hatte und dem eine unangenehme Eitelkeit, eine Rührung anhaftete, von der man nicht sagen konnte, ob sie einem selbst oder dem anderen galt.

Je fester sich August an sie klammerte, desto mehr rückte sie unbewusst von ihm ab. Bald trat jener Augenblick ein, in dem Liebende mit einem Mal wissen, dass sie bereits begonnen haben, einander zu verlieren, und nichts dagegen zu tun vermögen, jeden Morgen erwachten die beiden absichtslos schon eine Haaresbreite ferner voneinander, als sie abends noch eingeschlafen waren. Es kam zu winzigen Entfremdungen, die sich als Missverständnisse tarnten oder als Abwertungen auftauchten, die man so lange übersah, bis sie sich ausdehnten und sich hinter keiner Unachtsamkeit, keiner Zweideutigkeit mehr verbergen konnten.

Die Distanz wuchs, kleine Abgründe taten sich im Zimmer zwischen Tisch und Bett auf, Lücken entstanden, so dass man bei jedem Schritt darauf achten musste, nicht mit dem nackten Fuß in sie hineinzustolpern. Je weiter sich Ava von August Drach entfernte, sich mehr und mehr in ihr Atelier zurückzog, desto nervöser wurde der Mann. Während sie immer größer und größer werdende Bilder malte, fand er in der Schachtelpuppe seines Ichs immer kleinere und noch kleinere Versionen seiner selbst. Er sah sich plötzlich wieder als Kind, dem die Bohnenstauden im Sommer über den Kopf wuchsen, das mit weit aufgerissenen Augen hinter einem Stuhl oder auf einem Baum darauf wartete, endlich Teil der Welt zu werden. Er schrumpfte innendrin. Panik fuhr ihm in die Knochen. Mit einem Mal stand er mit dem Rücken zu einer Wand, die er selbst errichtet hatte. Alles ging von heute auf morgen schief, er wollte das Richtige tun, aber es misslang, und seine Anstrengungen, die bestehenden Probleme zu lösen, führten zu immer neuen, größer und unübersichtlicher als die vorangegangenen. Er scheiterte unaufhörlich. Er fand nicht ein richtiges Wort, es war, als kannte er nur noch die falschen. Er versuchte, Ava nah zu sein, während sie nur den Kopf wegdrehte oder vor ihm zurückwich. Sie entglitt ihm, und mit ihr auch das große

Glück. Sein Leben verwandelte sich in ein Schadensprotokoll, und bald schien ihm, alles, was er angriff, zerfiele unter seinen Händen zu Staub.

Die Angst machte ihn grausam. Er begann Ava nicht nur mit seinen Selbstverwundungen zu drangsalieren, aber verletzte auch sie. Denn er ertrug es nicht mehr, wenn sie ohne ihn lachte und trank, war bei ihrer Rückkehr von einem schönen Abend für Stunden unleidlich, aggressiv und abweisend, schrie auf sie ein, so laut, dass noch die Nachbarn in der Wohnung nebenan den Kopf hoben. Flehentlich schüttelte er ihren Körper, als wäre etwas in ihr durcheinandergeraten, das nur durch eine äußere Erschütterung, ein Beben wieder geradegerückt werden könnte. Er störte sich an ihrer Art, Suppe zu kochen oder den Bäcker anzusehen, wollte ihr verbieten, diesen oder jenen zu treffen, und geriet in Wut, wenn sie seine Herrschaftsgesten verhöhnte. Es tat ihr leid um diese Liebe, die so schön gewesen war, und so versuchte Ava manchmal, es August recht zu machen, blieb daheim, war sanft und zart, vermied alles, was Auslöser seines Jähzorns hätte sein können, und ärgerte sich über sich selbst, wenn sie es bemerkte. Ihr war dann, als liefe sie an Marionettenfäden durch die Welt, sie wollte sich losreißen, stockte, wenn ihr einfiel, dass niemand sie zu etwas zwang, und ärgerte sich erneut, als hätte ihr Identitätsgefühl, das ängstlich *Ich, Ich, Ich* gerufen hatte, doch übertrieben und sie bloß in die Irre geführt. Wer glücklich sein will, muss alle enttäuschen, dachte sie, wie um sich selbst zur Ordnung zu rufen. Meist aber ging sie nur, schlief immer öfter wieder im Atelier bei der Katze zwischen den Farben, während August am Fenster über dem leeren Bett stand, mit kalten Händen in den dunklen Morgen und die hellen Fenster sah und eine Zigarette nach der anderen rauchte.

Ava verließ August Drach nach einer Nacht, in der er sie, blindwütig vor Eifersucht, zu der es keine Veranlassung gab, gegen den Küchentisch gedrängt und mit einer Macht geohrfeigt hatte, über die er bis ins Mark erschrak. Für einen Augenblick wurde sein Körper zur Schnittstelle, die die jahrelang empfangene Gewalt wieder ausgab. Es war nicht das erste Mal, das ein betrunkener Mann Ava schlug, und stets hatte sie gedacht, es wäre das letzte Mal gewesen. Keine Wut, keine Traurigkeit, aber eine sehr leise Angst und eine übermächtige Müdigkeit befielen sie, noch während sie zurücktaumelte. Sie schrie wie ein Tier, laut, roh, fremd, als käme der Ton nicht aus ihrem Mund, aber aus ihrem Herzen. Mit aller Kraft stieß sie August Drach von sich, mit Hunderten unsichtbaren Armen und Beinen, die ihr im Moment der Bedrohung wuchsen, und spürte, die Entfernung, die sie zwischen sich und ihn brachte, würde nicht mehr zu überwinden sein. Der durch den Stoß zu sich Kommende sagte: Das kannst du nicht tun, wir lieben uns ja. Aber sie tat es. Gewalt und Liebe heben einander nicht auf. Wie alle anderen Männer vor ihm verkaufte auch August Ava die Gewalt als Ausnahme einerseits und als Folgerichtigkeit andererseits, als Reaktion auf ihr Tun, nicht als Aktion von ihm, er wurde rührselig und machte Versprechungen, von denen sie bereits wusste, dass er sie nicht halten würde. Sie nickte, wartete, bis es hell geworden war, ging und sprach nie wieder ein Wort mit ihm, nicht einmal die Sachen aus der Wohnung, in der sie miteinander gelebt hatten, holte sie, so dass August, wenn er sich umblickte, war, als säßen die Dinge wie zurückgelassene Katzen im Raum.

Für einige Stunden machte sich August vor, dass nichts geschehen sei. Er trank Kaffee und blätterte in einer Zeitung. Er legte eine Platte auf. Er hielt sich fest am Alltag, hielt sich zum Narren, tat, was er immer tat, sah in den Spiegel, sah aus dem Fenster zu den spielenden Kindern hinunter, versuchte, sich selbst ähnlich zu bleiben, die Schablone seines Ichs auszufüllen und nicht abzuweichen von sich selbst. Erst als er in seinen Gewohnheiten das erste Mal innehielt, überwältigte ihn das, was in der Nacht geschehen war.

Es gibt einen Schmerz, der so weit über die Begrenzung des eigenen Herzens hinausreicht, so monströs groß ist, dass er den Menschen und die Wirklichkeit, die ihn umgibt, vollständig ersetzt. Er tilgt alles, er vertilgt alles, er ist alles, was bleibt. Und es gibt eine Verzweiflung, die jede Verzweiflung, die die Seele bisher gekannt hat, haushoch überragt. Sie wächst den Hoffnungslosen wie ein Knochen.

Ungeübt im Verlust, hatte August bis zu dem Augenblick des Abschieds nicht gewusst, dass ein Mensch in der Lage war, sich im Innersten so zu fühlen, wie er es tat nach jener Nacht. Die ganze Welt zerbrach ihm, als Ava aus seinem Leben verschwand, nicht nur das Herz. Nicht weniger als sein so spät gefundenes Zuhause in diesem Universum verlor er durch die schlimmste aller Schuld, die eigene. Nichts war gut oder wiedergutzumachen. Jeder Versuch, mit Ava noch einmal zu sprechen, lief ins Leere. Sie war unauffindbar, und die Polizei vertrieb ihn mehr als einmal, gerufen von besorgten Nachbarn, die ihn tagelang vor ihrem Atelier herumlungern sahen. Er ging kaputt. Der Zusammenbruch eines Menschen ist nicht schön anzusehen. Man wird sich und jedem anderen unkenntlich, findet sein Gesicht in keinem Spiegel, trägt und erträgt die Existenz nicht mehr. Wie er die ersten Wochen, die ersten Monate überlebt hatte, wusste er später nicht mehr, denn er dachte an nichts als an den Tod, die grundsätzliche Auslöschung, an ein gütiges Nichts, das ihn in Dunkelheit einhausen würde. Er dachte an die Apfelschüsse im Garten, an das Luftdruckgewehr, die Pistole und an jenen Augenblick, in dem man vor dem Schützen steht, doch jetzt nicht mit Angst, aber mit Sehnsucht. Er konnte nicht aufhören zu weinen, verzerrte, ihm unbekannte Geräusche kamen aus ihm, und manches Mal lag er auf dem Bett und konnte nur *Hilfe, Hilfe, Hilfe, Hilfe, Hilfe* denken. Wie die Nachbarin in seiner Kindheit wollte er das Geschehene rückgängig machen, sich selbst rückgängig machen, rückwärtsleben, die Zeit aus den Uhren reißen und sich die Adern aus dem Fleisch. Im dünnen Schlaf sah er die verkehrte Welt vor sich, in der die Flüsse bergan flossen, die Götter zu ihm beteten, während er sie nicht erhörte, seine Hand noch in jener Avas lag, und wachte er auf, zerstörte ihn die Wirklichkeit von neuem.

Nicht nur die Gegenwart ging ihm verloren, auch hatte er niemanden mehr, mit dem er die Erinnerungen der gemeinsamen Zeit teilen, keinen, zu dem er sagen konnte: *So war es doch*, oder bei dem nachzufragen war: *Wie war es denn*, war es grün oder blau, und wer war ich damals, vor ein paar Monaten, du warst doch mein Zeuge. Ihm kam es vor, als habe er kein Herz mehr, als fehlte ihm das Organ, und als wäre er innendrin hohl. Die Zeit heilte nichts. Es gab keinen Trost, sosehr die Nachbarn auf der Dachterrasse ihn auch anboten, aber nicht einmal die Hunde der Siedlung, die sich mit ihrem feinen Gespür für Schwäche und Traurigkeit um ihn sammelten, vermochten ihn für ein paar Sekunden mit ihrer Zuneigung aufzurichten. Er verfiel in einen maßlosen Selbsthass, war zerfressen von Scham und Schuld. Er wartete vergeblich darauf, die Welt wieder zu ertragen, wobei ihm das Schöne, das unbeeindruckt von seiner Not rundum geschah, noch unaushaltbarer schien als das Schlimme. Noch lange Zeit später hatte er das Gefühl, er kehrte heim ins falsche Haus, wenn er abends an seiner Wohnungstür sperrte, durch die Ava nicht mehr trat. Er wusste, dass er sich in eine lächerliche Gestalt verwandelte, und doch kam es vor, dass er halblaut *Ich liebe dich* in die Leere sagte, um zu prüfen, ob es denn noch wahr sei. Er erinnerte sich, dass er in einem Buch gelesen hatte, dass es nichts Schlimmeres gebe, als einander zu begegnen und aneinander zu scheitern, um sich dann ein Leben lang zu vermissen. Er war der unglücklichste Mensch der Welt.

Anfangs ging er nicht zur Arbeit und nahm sich für ein paar Wochen frei, floh in die Wälder und Wiesen außerhalb der Stadt und verschwand in ihrer Weite. Weil kein Mensch da war, an dessen Wirklichkeit er sich messen, an dem er dem eigenen Ich Grenzen setzen konnte, der seine Erinnerungen zurechtrückte, wurden Augusts Gedanken wunderlich und überschlugen sich. Wenn er auf einen Spaziergänger traf, bemühte er sich, unauffällig zu grüßen – nicht überstürzt, nicht verspätet, nicht zu laut und nicht zu leise –, damit man ihm nicht anmerkte, wie lange er schon ohne einen anderen und ohne ein Wort gewesen war. Später stürzte er sich ins Verstummen. Alles, was er tat, tat er mit der Inbrunst der Sinnlosigkeit des eigenen Daseins. Um sich zu beruhigen, fuhr er noch einmal für ein paar Nächte in den Süden ans Meer, suchte Streit im Gewühl der Uferpromenade, ließ sich nachts mit ausgebreiteten Armen im dunklen Wasser des Hafens zwischen den Fischerbooten treiben. Er spielte Lotto in seinem Unglück und gewann tatsächlich eine Summe, groß genug für einen Mittelklassewagen, mit dem er nichts anzufangen wusste. Er saß mit Herrn Sappara und einer Flasche Gebranntem auf dem Dach, eine Einsamkeit neben der anderen. Wenn er es in der Wohnung nicht mehr aushielt und sich in wirre, verbitterte Sehnsüchte hineinsteigerte, nach einer Zeit, die es nicht mehr gab, ging er durch die Stadt oder rauchte in der Abgeschiedenheit der Garagenkapelle. Dort fühlte er sich sicher und für ein paar Zigarettenlängen am richtigen Ort. Die Natur des Betenden ist die Verzweiflung. Wenn etwas nicht mehr da ist, geht der Blick nach oben. Er hielt Andacht vor der Heiligenstatue und den Autoreifen und sah, ohne den Kopf zu heben, zur Decke, weil er nicht wusste, wohin er sonst schauen sollte. Einmal beobachtete er eine Mutter, die ihrem kleinen Sohn im Dämmerlicht, während sie sich mit der Hand auf die Herzseite schlug, erklärte, dass Christus in jedem Menschen innendrin wohne, und Stunden später entdeckte er das Kind auf dem Hof stehend, wie es sich mit gesenktem Kopf auf den Brustkorb klopfte und sagte: Jesus, komm raus. Da griff er sich selbst dorthin und fühlte der eigenen Unbehaustheit hinterher, dem Vakuum zwischen den Rippen.

Das Verlorene, die Lücke, die Ava hinterließ, bestimmte fortan sein ganzes Leben. Als käme eine Leere nicht ohne die andere, brach auch das Verschüttete seiner Kindheit wieder in ihm auf. Ohne es zu wollen, begann er nach dem Vater zu suchen, den er schon fast vergessen zu haben glaubte und mit dem ihn nur noch die Vergangenheit und der Name verbanden, von dem er sich stets wunderte, dass in ihm zwei verschiedene Menschen Platz hatten. Ob ihn die Gestalt eines Vorübergehenden an ihn erinnert hatte, ein Gast in der Bar oder bloß sein eigenes Spiegelbild, wusste er nicht zu sagen. Von einem Tag auf den anderen ertappte er sich dabei, dass er sich auf der Straße nach links und nach rechts drehte, in Erwartung, das Gesicht des Vaters zwischen jenen der Fremden zu entdecken. Er verstand sich selbst nicht. Er vermaß die Menschen mit Blicken und erhoffte mit einem Mal, wovor er sich immer gefürchtet hatte, dass der Vater so überraschend auftauchen würde, wie er verschwunden war an jenem fernen Frühlingstag. Er sehnte sich danach, ihm zu sagen, dass er ihn nie vermisst hatte. Er wollte ihn auf das Glück seiner Abwesenheit hinweisen. Er wollte dringend neben ihm in sicherer Entfernung stehen und im Vergleich ihre Unähnlichkeit geltend machen. Er wollte sich versichern, dass er nicht war wie er. Die Geschichte von Otto Ziedrich fiel ihm ein und wie dieser die verlorene Brille in der Unendlichkeit des Ozeans durch nichts als den Zufall gefunden und sich noch Jahrzehnte später über diesen Triumph gefreut hatte. Und so stellte auch er sich die Suche nach dem Vater als eine auf offener See vor, im Meer der Häuser, am Grund einer Welt, in der man so leicht verloren gehen konnte.

Er tat Dinge, von denen er wusste, dass sie sinnlos waren. Er suchte nicht im Telefonbuch oder im Internet, er rief nicht im Gemeindeamt des Dorfes an, aber schaute stattdessen öfter als sonst von der Dachterrasse hinunter. Sah sich an jeder Ecke, an jeder Wegkreuzung um. Machte sogar bei einer jenen Auktionen mit, bei denen man einmal im Jahr die auf Bahnhöfen und Flughäfen über die Zeit verlorenen Gegenstände der Reisenden ersteigern konnte: liegengelassene Regenschirme und vergessene Seesäcke, einen Mantel mit einem Geheimnis in der Tasche oder ein Musikinstrument, das stumm auf seinen Besitzer wartete. Die Neugierigen boten einmal im Jahr auf einen der verschlossenen Koffer, die auf der Endlosschleife des Gepäckbandes gekreist waren, kauften sich einen unbekannten Inhalt und fanden zu Hause heraus, welche Verlorenheiten sie erworben hatten, ein paar getragene Unterhosen oder eine kleine Bibliothek, eine Schmuckschatulle oder eine Liebesbriefsammlung, einen Wäschesack oder ein echtes Rätsel. August erwarb mehrere kleine, dunkle Reisetaschen, die ihn an die väterliche Eitelkeit denken ließen. Er stellte sie nebeneinander auf die Küchenanrichte und durchwühlte die Gepäckstücke in der rabiaten Hoffnung, auf einen Hinweis des Vaters zu stoßen, als ließe sich bei diesen Auktionen mit etwas Glück ein ganzer verlorener Mensch wiederfinden und nicht bloß ein paar übergroße Hemden, die Miniaturen weltbekannter Sehenswürdigkeiten oder ein zerknitterter Geldschein im Schaft eines Damenstiefels, von dem er sich am Ende des Tages an der Ecke eine Flasche Schnaps kaufte.

Zu dieser Zeit begann August Drach, die Zeitung zu

lesen. Für Politik, Wirtschaft und das Wetter interessierte er sich nicht und studierte im Bett nur die Seiten mit den vermischten Nachrichten, in denen es um die ungewöhnlichen Schicksale in einer gewöhnlichen Welt ging. Er las die Meldungen, als erwartete er, darin etwas über sich selbst zu erfahren, seine eigene Geschichte in allen anderen zu finden oder den verschwundenen Vater in einer Fußnote. Er lernte schnell: Es gab nichts, was es nicht gab, aber es gab vieles, was es nicht hätte geben dürfen, wenn man die Welt für eine schöne halten wollte. Er las in der Zeitung von einem, der den anderen aufaß, um nicht allein zu sein, und von einem, der vom anderen aufgegessen werden wollte für die Lust der Erlösung. Von einem Kind, das ein Kind getötet hatte mit einem Messer und das, weil es so jung war, nicht ins Gefängnis kam, aber mit seinen Eltern noch am Tag nach der Tat an einen Ort fortziehen musste, an dem niemand es kannte. Von einem Lynchmord nach einem tödlichen Verkehrsunfall, der die Wut der Menge so entfesselte, dass der Mob nicht nur den Verursacher, aber aus Versehen auch die Überlebenden erschlug. Von einer Herde Kühe, die auf einer feuchten Wiese vom Blitz getroffen wurde. Von einem magersüchtigen Mädchen, das sich mit der Dienstpistole seines Vaters im Wald erschoss und so dünn war, dass die Kugel den Körper durchschlug wie ein Blatt Papier. Von einem Mann, der innerhalb eines Tages einen Fremden vor dem Ertrinken rettete und einen Bekannten vor den Zug stieß. Von einer Frau, die jahrelang ihre schwerkranken Schwiegereltern allein gepflegt hatte und sie am Ostersonntag mit dem Flammenwerfer in ihren hölzernen Bauernbetten verbrannte, weil sie keine Kraft mehr in sich fand. Von einer Mutter, die im Keller die Kleidung ihres der Vergewaltigung beschuldigten Sohnes bei ungeöffneten Fenstern verbrannte und am Rauch und an der Scham erstickte. Von jemandem, der am Morgen seine Familie küsste, aber statt zur Arbeit in ein anderes Land ging.

Die Zigarette steckte ihm im Mundwinkel, und er arbeitete sich Tag für Tag mit besonderer Sorgfalt durch die Berichte über die Vermissten und Verschwundenen, über Abgängige, die vielleicht verunfallt oder das Opfer eines Verbrechens geworden waren oder nach Jahrzehnten plötzlich mit staubigen Schuhen vor der Tür standen, die sie einst hinter sich zugeschlagen hatten. Er sondierte diese Geschichten und klopfte sie auf mögliche Gemeinsamkeiten ab. Wenn jemand nach langer Abwesenheit unter mysteriösen Umständen wieder auftauchte, hoffte er jedes Mal, es könnte der Vater sein. Einmal las August in der Sonntagsausgabe von einem als vermisst gemeldeten Mann, der sich hilfsbereit dem Suchtrupp nach sich selbst angeschlossen und stundenlang mit anderen die Gegend durchkämmt hatte, und erst als sein eigener Name wieder und wieder gerufen wurde, den Nebenstehenden fragte, wen man denn zu finden hoffe. Er hatte sein Verlorengehen nicht bemerkt, sich betrunken unter die aufgeregte, durch die Nacht ziehende Menschengruppe gemischt und Ausschau nach einer Person in einer Jacke gehalten, die der seinen glich. Ob er sich gefreut hatte, sich wiederzuentdecken, oder sich darüber ärgerte, stand nicht geschrieben.

Die fremden Schicksale aus der Zeitung drehte August regelmäßig abends durch den Fleischwolf des eigenen

Ichs, um zu sehen, ob sich in ihnen etwas verbarg, das ihm sein eigenes oder jenes des Vaters erklärte. Aber keine Spur erschloss sich ihm, kein Hinweis tauchte auf. Wenn ihn die unheimlichen Geschichten zu sehr deprimierten, vertiefte er sich wie die Mutter früher in die Horoskop-Seite und las nach, wie es jenen, die er kannte, den Planetenkonstellationen zufolge ging, ohne dem Orakel auch nur ein einziges Wort zu glauben. In guten Momenten trank er zur Lektüre eine Tasse warmen Zwetschgenschnaps mit Obershaube, und wurde er übermütig, studierte er nicht nur die Voraussagen unter Avas Sternzeichen und dem des Vaters, aber auch das Horoskop Lilly Drachs.

Dem Vater kam er mit diesen Manövern nicht näher. Als er aber schon dachte, die Verschwundenen blieben verschwunden, weil sie eben nicht anders konnten, stieß er in der Zeitung auf eine kurze Notiz, die ihn innehalten ließ. Der Hund eines Jägers hatte in einem steilen Waldstück knapp unter der Baumgrenze, auf einem jener kalten Berge, die stets auf das Dorf seiner Kindheit herabsahen, ein Gerippe gefunden. Ein gespensterzart skelettierter Mensch war vor dem Waidmann gelegen, freigegeben von der harten, ungeweihten Erde. In der grünverwitterten Kuppel des Schädels hatten Käfer und Feuerwanzen Obdach gefunden, und die Rippenbögen waren eingestürzt wie Brücken. Obschon die Gebeine nicht vollständig waren, ein Armknochen fehlte, davongetragen von einem hungrigen Tier, war sich der Jäger augenblicklich sicher gewesen, dass jenes aus dem Garten verschwundene Kind vor ihm liege, und hatte noch an Ort und Stelle aufrecht wie ein Baum unter Bäumen für es beten wollen, aber nichts Angemessenes sei ihm eingefallen, sagte er dem Reporter. Und auch August kam nicht ein Satz in den Sinn, mit dem man den heiligen Antonius hätte zur Rechenschaft ziehen können, während er die Meldung las, aber als er nach einer Nacht mit wirren Träumen aufwachte, hatte er einen Entschluss gefasst, der ihn selbst überraschte: Er würde nach Hause fahren.

VII

Er ging erst die Treppen und dann die Straße hinunter, verließ die Wohnung und die Stadt, war für zwei Tage auf Busbahnhöfen und Parkplätzen zu Hause, den Zwischenorten jener, die von einer Stelle der Welt an eine andere wollten. Alle waren sie erschöpft, die auf den harten Bänken, in einer Ecke auf dem Boden oder an eine Fensterfront gelehnt schliefen, die Reisenden, die Fortgehenden und die Heimkehrenden, aber ihm schien, er konnte sie auseinanderhalten, denn man sah den einen die Müdigkeit des Neuen und den anderen die Müdigkeit des Alten an. Er selbst saß im Anzug und mit guten Schuhen in den Wartehallen, fror unter den Klimaanlagen und sah hinaus, und erfuhr er dort nichts, blickte er den Fremden neugierig ins Gesicht. Auch wenn einer sonst nichts hatte und mit leeren Händen reiste, eine Geschichte trug jeder mit sich.

Gibt es etwas Befremdlicheres als die Rückkehr an einen Ort, von dem man nichts als fortgewollt hatte, fragte sich August Drach, als er durch die Tür des Hauses am Rand des Dorfes trat. Er kam heim wie alle Kinder, zu spät, aus den falschen Gründen, schon an der Schwelle mit einer Geste der Vergeblichkeit.

Auf den Wiesen seiner Heimat blühten die Blumen wie die Minuten einer schlaflosen Nacht, klein, dunkel, unzählbar, endlos. Auf den Feldern drehten die Sonnenblumen ihre runden Köpfe dem Licht hinterher, und er dachte daran, wie die Mutter ihm stets erzählt hatte, dass früher die Frauen der Gegend den Soldaten Sonnenblumensamen in die Mäntel gesteckt hatten, damit ihnen, wenn sie fielen, Pflanzen aus den Rocktaschen wüchsen in dem fremden Land, in dem es für sie nur den nackten Erdboden als Grab gab. Der Sommer wütete mit seiner Pracht, war heiß und leuchtend, dass einem die Augen schmerzten. Der Himmel beugte sich über den Menschen, so tief, dass ein jeder sein Blau auf der Kopfhaut und bis in die Knochen hinein zu spüren glaubte. Im verwilderten Garten wucherten Lungenkraut und bittersüßer Nachtschatten, und der Nesselkönig quoll mit scharf gezahnten Blättern allerorts aus der Erde. Die Äpfel hingen so grün an den Bäumen, als habe sie lange niemand angesehen, obschon die Fenster des Hauses, das mit den Jahren in eine noch größere Schieflage geraten war, weit offen standen.

Wie ein altes Klavier knarrte der Boden das Lied von Augusts Kindheit unter seinen Schritten. Beinahe erwartete er, dass die Hunde noch da wären und ihm, dem Heimgekehrten, um die Beine laufen würden, aber sie waren schon vor langer Zeit gestorben – bloß: was ist ein Tod, von dem man nichts weiß? Er hatte alle Todesfälle des Hauses verpasst, die Kanarienvögel waren wie in der Kohlegrube als Vorhut verstummt, die Hunde ihnen mit ergrauten Schnauzen gefolgt, und auch das Herz des großen Otto war irgendwann im riesigen Kasten seines Fleisches stehen geblieben wie eine Uhr. Es war die erste Begräbnisfeier ihres Lebens gewesen, die Lilly Drach besucht hatte, sie war auf der harten Kirchenbank neben dem Bruder Ziedrichs gesessen und hatte ob der großen Ähnlichkeit – sogar das weiße, fettige Haar war an der gleichen Stelle gescheitelt – immer wieder für Sekunden gedacht, der Verstorbene selbst säße neben ihr, um sein eigenes Verschwinden zu betrauern und ihr ein weiteres Mal rettend beizustehen in schweren Zeiten.

Mehr als einmal kam auch August durcheinander und meinte die Körper der Hunde neben seinem zu spüren, als nähme er der Wirklichkeit ihre Gegenwart nicht ganz ab – aber es war nur ein Phantomschmerz in Tiergestalt. Er konnte sich kaum vorstellen, wie das Haus ohne die beiden Rüden funktionierte und welche Regeln und Gesetzmäßigkeiten in ihrer Abwesenheit wohl in Kraft getreten waren.

August, rief eine Stimme, als käme sie aus einer großen Ferne. Lilly Drach saß in der Mitte des Raumes in einem Rollstuhl wie auf einem Thron. Gleich sah er, wie alt und wie krank sie geworden war. Die Jahre und der Krebs hatten sie schmal gemacht wie einen Ast, dürr bis in die Finger, ein Bein nicht stärker als der Arm eines Gesunden. Ihr Gesicht wie ein Apfel im Winter, mit einer Haut, die sich um Mund und Nase zusammenzog. Es war eine Magerkeit, die tief aus ihrem Inneren aufzusteigen schien. Wie einst lief der Fernseher im Hintergrund, aber der Bildschirm zeigte nicht mehr das Begräbnis von Lady Di mit den Abertausenden in Zellophan eingeschlagenen Blumensträußen, die anbrandeten gegen die Palastmauern, aber die Sendungen des Nachmittagsprogramms. Die vormals kaum belegten Bücherregale standen voller dicker Romane, die August nicht kannte, *Die Kaiserin von Galapagos* und *Die schwarze Kathedrale von Mogombo* und *Alles ist gut* reihten sich in abgegriffenem Einband aneinander. Er sah sich staunend um. Rundum herrschte

Ordnung, selbst die Plafonieren und Korblüster waren ohne Staub. Der gebrochene Fuß des immer wackeligen Chippendale-Sofas hatte einem neuen Platz gemacht, als trüge das Möbelstück eine hölzerne Prothese. Alles blitzte und blankte. Der Boden war sauberer, als er ihn je gesehen hatte. Bloß die Tablettenverpackungen lagerten in allen Formen und Größen durcheinander und lose auf der Kredenz. Weil viele der alten, übereinandergestapelten Stühle und Flohmarktgegenstände verschwunden waren, hatte August erstmals im Leben das Gefühl, er stände tatsächlich in einem Haus statt in einem Setzkasten. Weil er nicht wusste, was er sonst tun sollte, reichte er der Mutter, die nicht überrascht schien, ihn inmitten dieser neuen Weltordnung wiederzusehen, ohne Erklärung förmlich die Hand.

August Drach schlief in seinem Kinderzimmer, das, im Gegensatz zum Rest des Hauses, zum Fürchten unverändert schien, als wäre kein Tag, keine Stunde vergangen, seit er das letzte Mal mit hängenden Armen und schwerem Kopf in ihm gestanden war. Sogar das leere Wasserglas fand er an jener Stelle der Fensterbank, von der er zu erinnern glaubte, er habe es dort im ersten Leuchten des schicksalsträchtigen Unwetters vor vielen Jahren abgestellt. Er ahnte, dass es einer beängstigend großen Anstrengung bedurft haben musste, um die Zeit innerhalb des Raumes anzuhalten und jede noch so winzig kleine Veränderung abzuwehren. Er wusste: Nichts blieb, wie es war. Alles wich von sich selbst ab, ob Mensch, ob Ding, gab man nicht genug acht. Er machte Rundgänge durch alle Zimmer des Hauses wie durch ein Museum, das gleichermaßen seine Vergangenheit zur Schau stellte und die

Relikte der Zeit nach seinem Weggang zeigte. Vieles war neu. Da gab es eine Kristallschale, die er nicht kannte, einen Stuhl, auf dem er nie gesessen war, eine Photographie des großen Otto, deren Rahmen ein Trauerband trug. August stand mit hinter dem Rücken verschränkten Armen in der Ausstellung eines fremdgewordenen Lebens. Nur die Gespenster der Küchengalerie waren ihm noch vertraut, und er salutierte vor den Unbekannten. Dann watete er rauchend durch das hohe, einknickende Gras des Gartens, beobachtete die Wacholderdrosseln in den Bäumen und hielt inne zwischen den verholzten Stämmen der Kakteen im Glashaus, der langsam in sich zusammenbrechenden Erinnerung des Südens.

Abwechselnd schien ihm die Welt voller Einzelheiten und sehr leer. Wenn er die Dinge aus der Nähe ansah, die abgeblätterten Stellen der Fassade, das rissige, verwitterte Holz der Tür und der Fensterkreuze, konnte er sich kaum noch vorstellen, dass sie gemeinsam das große Ganze eines Hauses bildeten, und sah er aus der Ferne das Haus vor sich, war es bloß eine Kinderzeichnung aus fünf Strichen, in der es kein einziges Detail gab.

In Kreisen ging er in die Landschaft seiner Kindheit hinein, schlug am Ufer des Sees in Gedenken an den versunkenen Koch ein Kreuz, legte den kleinen Finger in die Einschusslöcher der Schutzmantelmadonna, lief die Feldwege entlang und stieg hoch in die Wälder. Auf den Märschen, bei denen er die Heimat mit Schritten vermaß und sich vergewissern wollte, dass die Erde und die Steine dieselben geblieben waren, gliederte er sich ein in diese Natur, stand im Wald manchmal zwischen den Bäumen so still, als wäre auch er eine Fichte oder eine Buche, ein Mensch, der Wurzeln schlug. Die Ungerührtheit der Landschaft und die Stille des Holzes übermannten ihn ein ums andere Mal. Dann dachte er nichts, und nichts fehlte ihm, nicht einmal die Liebe, deren Echo er noch in sich trug und die ihn als Hohlform durch die Welt begleitete, wo immer er war. Auf den letzten Metern des Heimwegs ging er mit ausgebreiteten Armen rückwärts, wie die Nachbarin es einst getan hatte auf ihrem täglichen Lauf in die Gegenrichtung der Zeit, und sah bloß noch, woher er kam, nicht aber, wohin er ging.

Abends stand er im Apfelgarten, die Halme stachen ihm in die Kniekehlen, und wie als Bub schoss er mit in den Nacken gelegtem Kopf mit der Pistole, die in der Schublade seines Zimmers überdauert hatte, auf die kleinen, harten Früchte. Er traf nicht und erinnerte sich, dass der Vater ihm einst stets eingebläut hatte, man müsse regelmäßig schießen, sonst verderbe einem die Flinte. Und wie er sich einmal beim Wilhelm-Tell-Spiel als großer Mann unter die Kinder gemischt und sich einen Geflammten Kardinal auf den Kopf gesetzt hatte und wie ihn nur die Angst der Buben überragt und keiner sich getraut hatte abzudrücken.

Lilly Drach war eine bescheidene Kranke, die kein Aufhebens um ihren Zustand machte und oft abwinkte. Sie lebte abgeschieden wie eh und je vor der stummen Zuschauerschaft des zu den Fenstern hereinwuchernden Gartens und der stummen Zuhörerschaft einzelner Pflanzen, die ihre Blätter wie Stethoskope an die Mauern legten. Zu Augusts Verblüffung trug sie ihr Leid nicht wie eine Krone, aber war auf gleichmütige Weise erfüllt vom Wunder der Krankheit, gesättigt vom Schrecken, der mit ihr kam. In ihrem dürren Leib und unter einer ruhigen Miene verbarg sie Tumore klein wie Knöpfe und groß wie Zitronen, war besiedelt von wucherndem Gewebe und verrückt gewordenen Zellen. Ihr Körper war ein einziger Fehler geworden, eine in sich selbst hineinwachsende Bedrohung, der man nicht entkam, die unter dem Deckmantel der Haut alles im Menschen fraß außer sich selbst. Für ein paar Stunden löschten Morphium-Präparate den unübersichtlichen Schmerz, dämpften alle Beschwerden, und nie war Lilly Drach sich sicher, ob mit dem Schmerz nicht auch das so eng an ihn gebundene Ich schrumpfte. Die kleinen Abschiede von ihrem früheren Leben und damit von der Selbstständigkeit fielen ihr schwer, und auch wenn vieles unmerklich und mit der Zeit gekommen war, sich schleichend verschlechtert hatte, erinnerte sie sich noch gut an jenen Augenblick, an dem das Neue mit einem Mal überwog, sie von einem Moment auf den anderen unumkehrbar zur Kranken geworden war. Sie konnte kaum noch gehen, war auf den Rollstuhl, der mit Leintüchern ausgelegt war, angewiesen, führte den Beutel ihres Katheters an die Armlehne gehängt mit sich, als wäre er eine neue Handtasche, ein gewagtes Accessoire, das zu tragen eine gewisse Exaltiertheit und einen hocherhobenen Kopf forderte. Denn der Schönheit hatte sie nicht abgeschworen, malte immer noch die Schmalheit ihres Mundes mit Lippenstift nach, aß die Schonkost Bissen für Bissen mit dem Silberlöffel, ließ sich von der Pflegerin die kalten Hände weichcremen, bis sie ihr aus den Fingern glitten. Als August sie so sah, fragte er sich, mehr boshaft als anteilnehmend, ob sie, die immer in Vorfreude auf eine Welt, die größer war als die eigene Wirklichkeit gelebt hatte und für die das Irdische stets eine kleine Enttäuschung gewesen war, sich am Ende aller Tage nun wohl für die Idee des Himmels begeisterte.

Die 24-Stunden-Kraft war eine mittelalte Dame in Schnürstiefeln, mit Augenbrauen wie zwei dünne schwarze Halbkreise, einem Pferdeschwanz und einem Hut mit hochgebogener Krempe, den sie, wenn sie das Haus betrat, stets an die Garderobe neben der Tür hängte. Sie hielt den Haushalt nach ihren eigenen Regeln zusammen, hatte Ordnung und Sauberkeit in alle Zimmer gebracht, half der müden Mutter bei der Leibwäsche und ging kleine Runden durch den Apfelgarten mit dem kleinen Hund, den sich Frau Drach nach dem Tod der beiden Rüden ins Haus geholt hatte und der August verschlafen ansah. Abends empfing die Pflegekraft wechselnde Männerbekanntschaften in ihrem Zimmer oder führte Telefongespräche mit der Heimat, so laut, dass die Kranke selbst im Dämmerschlaf der Tabletten unaufhörlich ihrer Wehmut versichert war.

August beobachtete die zwei Frauen aus der größtmöglichen Entfernung, die das kleine Haus bot, ging langsam an einer geöffneten Tür vorüber oder warf einen langen Blick aus dem Nebenzimmer auf sie. Bald fiel ihm auf, dass die Pflegerin nicht nur ein bestimmtes Lächeln, aber auch einen festen Griff hatte. Obschon sie mit der Mutter sanft sprach, verbarg sich in ihrem Ton oft eine ungeduldige, erschöpfte Grobheit, die mit der stets größer werdenden Anstrengung, der eigenwilligen Kranken die Würde zu bewahren, mitwuchs. August bemerkte, wie sie mal nicht antwortete auf eine Frage, dann wieder vorgab, nicht zu hören, wenn Lilly Drach nach ihr rief, und schnell hinausging auf eine Zigarette, als wollte sie die bedürftige Frau mit ihrer Unerreichbarkeit maßregeln oder als ertrüge sie das fremde Leid für ein paar Minuten schlicht nicht. Einmal schien es August gar, als zwickte sie die Mutter beim Ankleiden in den dürren Arm, gerade so viel, dass sie die böse Absicht hinter einem Versehen oder der eigenen Ungeschicklichkeit verstecken konnte.

Immer gibt es einen, der zuschaut. Ob er Mitleid mit der Mutter und ihrem Zustand hatte, wusste August nicht, er fand kein klares Gefühl in sich, aber blickte mit Interesse auf ihre Krankheit und die vertauschten Rollen, die sie nun innehatten. Wie viele Stunden hatte er selbst in diesem Haus verdämmert und war teilnahmsvollen Blicken und Händen ausgesetzt gewesen. Es schüttelte ihn bei dem Gedanken an diese verschwommenen Jahre. Nun war sie die Kranke und er der Gesunde, und er beugte sich zu der im Rollstuhl am Fenster sitzenden Gestalt, die in den Apfelgarten sah, als wollte er ein für alle Mal die großen Fragen seines Lebens klären. Warum hatte keiner ihn beschützt? Was für ein Kind war er gewesen? An welcher Krankheit hatte er gelitten? Wie war es dem großen Otto ergangen? Wohin war der Vater verschwunden? Und wieso war anstatt seiner das verlorene Mädchen aufgetaucht? Aber er stellte keine dieser Fragen, sie blieben ihm im Halse stecken, sie waren zu groß, sie kamen zu spät, sie erschienen ihm, kaum suchte er die Worte dafür in sich zusammen, nichts als lächerlich. Auch jetzt hatten sie einander nichts zu sagen. Die Mutter rieb sich die kalten Hände, plauderte über dieses und jenes, als wäre nichts gewesen, als wäre kein Blitz in ihren

Sohn gefahren und nicht all die Zeit vergangen, in der sie sich nicht gesehen hatten und in der ein ganzes, unbekanntes Leben Platz gefunden hatte. Es gab keine Fragen und keine Antworten. Auch über den Vater verloren sie kein Wort, aber August hörte durch die Wände, wie Lilly Drach der Krankenpflegerin aufgeregt erklärte, ihr Sohn sähe ihrem verschwundenen Mann zum Verwechseln ähnlich, so dass man glauben könnte, ein lustiger Herrgott habe das Gesicht des einen auf dem Kopf des anderen befestigt, um die Welt in die Irre zu führen.

Der neue Hund war dunkel und klein, dick, mit kurzen Beinen und nervösen Blähungen, ein Tag und Nacht schläfriges Schoßhündchen, das sich nicht viel bewegte und das Lilly Drach mit beiden Händen in ihrem Schoß hielt wie eine Wärmflasche. Weder strich sie ihm durchs Fell, noch tätschelte sie seinen Kopf, aber umschloss seinen Brustkorb so fest, dass die Daumenknöchel im Nachmittagslicht weiß aufleuchteten. Obwohl die Krankheit ihren Körper ausgezehrt, die Muskeln geschrumpft hatte, war es ohne jeden Zweifel eine Fingerübung, aus der es kein Entkommen gab. August schien es, als handle es sich um eine Art Fehlverwendung des Tieres, als sehe die Mutter den Hund nicht als Hund, aber als Gebrauchsgegenstand. Er hatte den Mischling sofort gemocht, gleichzeitig schmerzte ihn die Abwesenheit der verstorbenen Tiere, und sie kam ihm bereits so übertrieben lang vor, dass er fand, es wäre doch an der Zeit, dass die Rüden wieder aufhörten mit dem Tot-Sein. Zum Trost entwand er ihren Nachfolger dem Griff der Kranken, setzte sich auf den Küchenboden und spielte mit dem Tier das Hütchenspiel von damals, schob vor seiner Nase die Wurst unter den umgedrehten Kaffeetassen über das Holz, ließ es gewinnen und steckte sich jedes zweite Mal selbst eine salzige Scheibe in den Mund. Du musst vorsichtig mit ihm sein, August, rief die Mutter besorgt aus der Ecke des Raumes, er ist kränklich, wie du früher.

Schon lange war er in keinem Gottesdienst mehr gewesen, hatte sich nur an manchen Tagen nachts in der Dunkelheit der Garagenkapelle zwischen den übrigen Schlaflosen stumm die Zunge und das Herz wundgebetet. Bei der Abschiedsfeier für das so lange vermisste Kind aber, die groß im Lokalteil der Zeitung angekündigt wurde, wollte er dabei sein, und sie wurde zu einem kurzen, seltsamen Schauspiel, das heillos zu spät kam. Alle waren versammelt wie Zeitreisende, mit Gesichtern, die in den Jahren, die seit dem Verschwinden des Mädchens ins Land gezogen waren, so alt geworden waren, dass sie August Drach auf den ersten Blick neu und unbekannt erschienen. Vor der Kirche saßen von der Hitze müde Vögel mit ernsten Blicken in den Ästen der großen Bäume, als wären sie ein Schwarm Engel, der dem Gotteshaus entkommen und sich über dem Friedhof niedergelassen hatte. Die Dorfbewohner standen in kleinen Kreisen zusammen, die sich geheimnisvollen Prinzipien folgend für die spät Hinzustoßenden öffneten oder ihnen verschlossen blieben. Es war so heiß, dass man glaubte, selbst den Toten unter der Erde würde der Schweiß an den kalten Leibern herabrinnen. Während die Glocken noch läuteten, verwelkten den Gästen die Schnittblumen schon in den Händen, und ihr Geruch hing schwer in der unbewegten Luft. Durch die dünnen Sohlen der

Sommerschuhe spürten die Frauen jeden Kieselstein, traten von einem geschwollenen Bein auf das andere und zerrissen sich die Strumpfhosen an den über die Sandalen ragenden Zehennägeln. Die Männer waren ungeduldig auf ihre Weise, standen still, verscheuchten mit der rechten Hand die Fliegen von ihren nassen Hemdkragen und hielten mit der linken den Regenschirm gegen die Sonne in die Höhe, als wollten sie sich zum Schutz einen Himmel unter dem Himmel aufspannen. Nur die Kinder liefen mit Blüten in den Knopflöchern zwischen den Gräbern umher, ragten neben den hölzernen Kreuzen auf, zeigten einander Geheimnisse in der hohlen Hand und waren Geister im Sonntagsgewand, im gleichen Alter wie die über die Jahre jung gebliebene Tote.

Man tuschelte. Was genau geschehen war, wusste immer noch keiner, es hatte über die Jahre Verdächtige, aber keine Anklage, keine Urteile gegeben. Der Vater der Vermissten selbst war für ein paar Tage unter Verdacht geraten, und ein Lehrer aus einem der Nachbarorte gestand an der Wirtshaustheke die Tat, kannte aber weder die Haarfarbe des Mädchens noch seine Wohnadresse, verstrickte sich in Widersprüche und hatte sich – wie man bald herausfand – in der Stunde des Verschwindens gar nicht in der Gegend, aber als Musikant auf der Bühne eines Feuerwehrfestes aufgehalten. Noch immer lebten darum die Männer und Frauen des Dorfes in dem Unbehagen, dass, solange es niemand war, es jeder gewesen sein könnte. Die einen fragten sich, ob, wer den Körper eines toten Menschen vor der Welt verstecken konnte, es nicht auch vermochte, den wahren Charakter eines lebendigen zu verbergen. Sie schauten sich um, als wollten sie in ihrer Mitte ein Ungeheuer, verkleidet mit Hut und Anzug, enttarnen, endlich dem Nachbarn die Maske der Harmlosigkeit herunterreißen, den Kinderschänder, den Untermenschen, das Monster noch am Friedhof aufknüpfen, nachdem sie ihm alle Knochen, von den Zehen bis zum Nasenbein, gebrochen hätten. Das Mitleid machte sie mitleidlos. Beinahe schwebten sie einige Millimeter über dem Boden, während sie einander ihre Sühnephantasien erzählten, erhoben vom Gefühl, dass auf der richtigen Seite stehe, wer sein Leben der Rache widmete, und dass auch die eigene Existenz dadurch mit einem Mal von Sinnhaftigkeit erfüllt werde. Die anderen hingegen waren von einer narkotisierenden Lethargie erfasst, wollten mit alldem nichts mehr zu tun haben und meinten, es wäre das Beste, wenn man es auch einmal gut sein ließe mit der schlimmen Vergangenheit. Die Augen müsse man zudrücken und endlich nach vorne sehen, tönte es. Ich kann mir nicht vorstellen, dass jemand so etwas überhaupt tut, hörte August eine Frau in seiner Nähe sagen und dachte daran, dass erstaunlich viele Menschen glaubten, was sie sich nicht vorstellen konnten, gäbe es erst gar nicht auf der Welt.

Es war, als befände sich das ganze Dorf im Inneren einer stehengebliebenen Uhr, deren Zeiger mit einem Mal wieder vorwärts rückten. Ein Zittern ging durch jedes Herz. Die Glocken läuteten. Der Schweiß lief. Weniger handelte es sich um einen Abschied von einem Menschen als um einen Abschied vom Hoffen, vom Schrecken des Vagen, in dem sich hinter jeder Möglichkeit stets auch eine andere verbarg, mal entsetzlich, mal tröstlich, immer unerträglich. Mag der Mensch ohne ein Maß an Ungewissheit nicht leben können, zerbricht er an ihrem Übermaß. Die Eltern des toten, des getöteten Kindes waren durch ihr Schicksal zu Fremden geworden: sich selbst und allem fremd. Sie hatten ein paar Jahre versucht, ein Paar zu bleiben, aneinandergebunden durch die Erfahrung, die sie von allen anderen Menschen trennte, bis sie bemerkten, dass es nicht genügte, nur eine Traurigkeit gemeinsam zu haben. Weder den Garten noch einander konnten sie ertragen, das leere Haus nicht und nicht ihre leeren Gesichter, und auch die Landschaft, die sie einst geliebt hatten, verriet sie und schien ihnen mit ihren unübersichtlichen, undurchdringlichen Wäldern und Bergen als Verbündete des Bösen, als Feind, als riesiges Grab. So waren sie in entgegengesetzte Richtung fortgezogen, hatten neue Leben gelebt, jährlich bloß kurz am Silvesterabend telefoniert, in den Hörer geschwiegen und einander gewünscht, dass das neue Jahr endlich jenes würde, in dem man das Kind fände. Im Gegensatz zu vielen Menschen, die sich nach einer Katastrophe einen Sinn hinzudichteten, um das Leben weiter zu ertragen, und die sich selbst nach ein paar Jahren sagten, ohne das Traurige damals wäre das Schöne heute vielleicht nicht passiert, ohne das Schreckliche wäre man ein anderer geworden und einen anderen Weg gegangen, fanden sie keinen im Verschwinden, im Tod ihrer Tochter. Sie sagten nicht: Es war für irgendetwas gut, sie sagten: Es war für nichts. Das Schlechte, das ihnen geschehen war, machte sie nicht zu besseren, aber zu versehrten Menschen. Nun sahen sie zu, wie der leichte Sarg, in dem nur die Knochen klimperten, in die Erde gelassen wurde, und konnten nicht umhin zu denken, dass das Skelett nicht vollständig war, aber ein Arm ihres Kindes weiter verloren in einem Winkel der Welt, in einem Fuchsbau oder einem Adlerhorst überdauerte. Fast erschien es ihnen folgerichtig, dass das, was passiert war, nicht ganz aufzulösen war und ein Bruchstück der Verschwundenen deshalb für immer verschwunden blieb. Auch wenn sie nicht wussten, was ihrer Tochter zugestoßen war, durch wen und warum, wussten sie das erste Mal seit langer Zeit zumindest, wo sich der Großteil ihrer Knochen befand. Wenn man seiner bedürftig genug war, nahm man noch den kleinsten Trost dankbar an. Sie setzten bei, was aufgetaucht war. Mehr gab es nicht. Und doch fühlten sie sich beinahe erleichtert, denn die Beerdigung war das Ende des Wartens. Sie standen nebeneinander und blickten ins Grab, in das Loch, in dem der kleine Mensch, den man gerade erst gefunden hatte, wieder verschwand – und waren außerstande, ihm die geweihte Erde, die der Pfarrer für die Beerdigungen aus seinem Gemüsegarten grub, hinterherzuwerfen.

Jetzt können wir anfangen, nicht mehr daran zu denken, sagte Lilly Drach auf dem Rückweg ins Haus. Der Rollstuhl ruckelte über die heißen, flimmernden Straßen des Dorfes, der Hund lief hechelnd neben den Rädern, und manchmal zog sie ihn an der um ihr Handgelenk gewickelten Leine näher zu sich heran. Heuballenherden lagerten auf den Wiesen, satte Tiere aus Gras, die aussahen, als hätten sie sich selbst vertilgt.

Lilly Drach hatte während der Zeremonie geschwiegen, fast so, als wäre sie beleidigt, dass sich das Schicksal nicht zum Guten gewendet hatte, und als sie an der Reihe war, zu kondolieren, hatte sie ihrer Freundin aus vergangenen Tagen zugeflüstert, dass sie nie einen so tragischen Ausgang der Geschichte für möglich gehalten hätte. Die hatte ihr einen Blick zugeworfen, als wäre sie verrückt geworden und als könnte sie Lilly Drach weder die horoskopisch beglaubigte Hoffnung von damals noch die selbstgefällige Überraschtheit von heute verzeihen. August war der Blick vertraut, denn auch ihm war es nicht möglich, die Mutter aus der Schuld, ihn nicht beschützt zu haben, zu entlassen.

Er sah sie von der Seite an, wie man die Mutter ansieht, wenn man sich erstmals dem Kindsein entwachsen glaubt. Er sah sie als schmale Frau vor sich, altersbrüchig, märchenhaft, das Gesicht so klein, als hätte es auf einem Fingernagel Platz. Sie wirkte wie jemand, der sein Leben lang gewartet hatte. Und doch schien sie ihm wehrhaft auf eine Art, die ihn an die Geschichte, die ihm oft erzählt worden war, denken ließ, nämlich, dass sie in ihrer Jugend einen Mann, der sie in einer dunklen Straße hatte belästigen wollen und schon nach ihrem Schal griff, in die Flucht geschlagen hatte, indem sie ihn zu seiner Verwirrung gefragt hatte, ob er unter seiner Jeans eigentlich lange Unterhosen trüge. Lilly Drach lächelte August an. Die Todesnähe hatte sie weicher gemacht, ihre verkapselte kleine Welt durchlässiger für die Wirklichkeit. Von den Müttern lernt man das Lieben, hatte ihm Herr Sappara in einem ihrer Dachgespräche gesagt und dass es sie nur gebe, damit auch die schlechten Menschen von irgendjemandem auf der Welt auf irgendeine Art und Weise geliebt würden. August war sich nicht sicher, ob er recht hatte. Aber für einen Moment fühlte er sich Lilly Drach dennoch nah.

Mit einer alten Sonnenbrille im Gesicht und starken

Zigaretten, die in der Lunge brannten, einem kleinen Emaillekochtopf als Aschenbecher, an dessen von der Sonne aufgeheizter Außenseite die Feuerwanzen auf und ab liefen, lehnte er am Fenster seines Heimathauses, die Scheiben links und rechts voll mit seinen Fingerabdrücken. Obwohl er das Gefühl hatte, mit der Teilnahme am Begräbnis erledigt zu haben, wofür er gekommen war, blieb er noch einige Tage. Es war eine späte Aussöhnung. Die alten Dolly-Parton-Scheiben und Italienische-Schlager-Platten drehten sich, alle wirkten gelöst, wippten, ohne es zu merken, mit den Kochlöffeln und Fußspitzen im Takt der Melodien. Tagsüber streifte er durch die Gegend und durch das Dorf, kam mit Leuten ins Gespräch, die ihn fragten, wo er so lange gewesen und warum er zurückgekehrt sei. Abends saßen August und Lilly nebeneinander im Apfelgarten im hohen Gras, tranken kalten Tee oder warmen Schnaps, den die Pflegerin zusammen mit einem kleinen Glas, in dem sich die Tabletten für die Nacht befanden, servierte. Die früh im Jahr aufgeblühten Herbstanemonen stachen auf ihren Stängeln wie Gewinde in die Luft. Ein Wind fuhr durch den Sommer, raschelte in den Bäumen und in den Menschen. Wenn August ins Haus ging, um eine weitere Kanne Tee nach draußen zu holen, blieb er stets ein wenig länger am Küchenfenster mit den mächtigen Kreuzen stehen, um die Frau im Rollstuhl ungestört zu beobachten. Wer sich nicht viel zu sagen hat, dem bleibt als Form für seine Liebe manchmal nur das Schauen. Drum sah er zu, wie die sich ungesehen Wähnende seine kurze Abwesenheit füllte, sich die Augen wischte, den leeren Blick der Wartenden aufsetzte, sich die Frisur zurechtstrich, ein Gähnen gähnte, das sie sich zuvor verboten hatte, hier an sich zupfte und dort ein Haar vom Ärmel nahm, ein wenig herumrutschte, als müsse ein Mensch, der allein war, die Zeit nutzen, um seine ureigene Form wiederherzustellen. Wie sie auf die Uhr sah. Wie sie einen Grashalm mit den Fingern knickte. Wie sie dem Hund auf ihrem Schoß von ihren Medikamenten gab. Wie sie die weißen Pillen in rosa Wurstblätter wickelte und dem trägen Tier ins Maul schob. Wie sie es sanft streichelte, als es schluckte. Wie es müde auf ihr zusammensank.

Plötzlich verstand er. Ohne weiter nachdenken zu müssen, kannte er die Lösung des Rätsels. Irgendwann holt die Vergangenheit jeden ein. Alles kommt wieder, nichts lässt einen los. August geriet außer sich. Etwas schlug um in seinem Kopf, und etwas Unheimliches geschah in seiner Brust. Jede Befreiung kommt zu spät, aber im Augenblick ihrer Erfüllung ist sie prometheisch, überlebensgroß, gleißend bis zur Blindheit. Das Leben erschien ihm mit einem Mal als eine lange Zündschnur, die sich Jahr für Jahr, Tag für Tag, Stunde für Stunde zu ebendiesem Augenblick seines explodierenden Herzens hingebrannt hatte. Ob er den Hund retten wollte oder sich selbst, wusste er nicht.

Jeder Mensch kann einen anderen töten, es gibt kein Naturgesetz, das einen davon abhält, wenn man für ein paar Sekunden selbst nicht willens dazu ist. Aber es gibt einen Moment, in dem das Falsche zu tun, sich richtiger anfühlt, als es zu lassen.

Nie hätte er, wäre er gefragt worden, von sich selbst gedacht, in einer Situation anders als andere zu handeln. Aber an diesem Abend schoss August Drach seiner Mutter im Garten zwischen den Äpfeln mit der Repetierpistole der Wilhelm-Tell-Spiele, die er aus dem Kinderzimmer holte, in den Kopf. Er zögerte nicht.

Mein besonderer Dank gilt: dem Verein Neustart für seine Unterstützung, Susi und Sepp Schellhorn für die Gastfreundschaft an den schönsten Schreiborten, Yvonne Widler für ihr Buch und den einen oder anderen Kontakt, Prof. Klaus Püschel, Edi Hamedl, Hans Breitegger für die Expertise, Christoph Srienz, Renate und Heli und nicht zuletzt den vielen Gesprächspartnern, die auf den Schutz ihrer Anonymität angewiesen sind, für ihr Vertrauen und ihre Zeit.